本书为河北省教育厅2021—2022年度河北省高等教育教学改革研究与实践项目“混合式对分课堂在‘英美文化概况’课程中的多元融合与评价研究”（项目编号2021GJJG070）、秦皇岛市科技局科学技术研究与发展计划研究项目“基于学习分析的在线学习者情感挖掘与干预研究”（项目编号202101A305）的研究成果

大学英语混合式教学的多元融合与评价研究

毕鹏晖◎著

燕山大学出版社
·秦皇岛·

图书在版编目（CIP）数据

大学英语混合式教学的多元融合与评价研究 / 毕鹏晖著. —秦皇岛：燕山大学出版社，2022.12

ISBN 978-7-5761-0423-3

Ⅰ. ①大… Ⅱ. ①毕… Ⅲ. ①英语－教学研究－高等学校 Ⅳ. ①H319.3

中国版本图书馆 CIP 数据核字（2022）第 202660 号

大学英语混合式教学的多元融合与评价研究

毕鹏晖 著

出 版 人：陈 玉

责任编辑：王 宁　　策划编辑：王 宁

责任印制：吴 波　　封面设计：刘韦希

出版发行：燕山大学出版社 YANSHAN UNIVERSITY PRESS　　电　　话：0335-8387555

地　　址：河北省秦皇岛市河北大街西段 438 号　　邮政编码：066004

印　　刷：英格拉姆印刷(固安)有限公司　　经　　销：全国新华书店

开　　本：170mm×240mm　1/16　　印　　张：12

版　　次：2022 年 12 月第 1 版　　印　　次：2022 年 12 月第 1 次印刷

书　　号：ISBN 978-7-5761-0423-3　　字　　数：166 千字

定　　价：50.00 元

前　言

大学外语教育是我国高等教育的重要组成部分，对于促进大学生知识、能力与素质的协调发展具有重要意义。大学英语作为大学外语教育教学的主要内容，是国内本科院校非英语专业学生必修的一门公共基础课程。目前，大学英语教学的主要课程内容和结构可以分为通用英语课程、跨文化交际课程和专门用途英语课程。其中，“英美文化概况”课程是大学英语跨文化交际板块的重要课程之一。

随着信息技术和移动互联网的迅猛发展，在线上线下混合式一流课程建设的背景下，笔者使用移动信息技术对“大学英语读写”“大学英语听说”“英美文化概况”“创新思维训练”等课程近十年的混合式教学改革和实践的成果进行了总结。本书将大学英语混合式教学的发展分为两个篇章——线上整合篇和多元融合篇。线上整合篇主要围绕大学英语读写课程和听说课程的混合式教学的初期探索展开，包括技术视角下的在线应用阶段以及教师视角下的教学整合阶段。多元融合篇主要聚焦于大学英语“英美文化概况”课程，阐释大学英语混合式教学创新发展笃行不怠。在每一个阶段的行动研究中，通过教学观察发现问题，分析原因，进行教学反思，进一步优化、完善和推动大学英语混合式教学。

在混合式教学中，外语教师的角色已经转变为“情境创设者”“数据解读者”和“学习促进者”。基于大学英语拓展课程“英美文化概况”的教学实践，本书提出大学英语混合式教学模式 2.0 版本——混合式对分课堂，将混合式教学与我国本地教学相结合，构建线上线下、课内课外四大融合学习场景，并将“一体两翼”式课程思政内容与集体活动、多样性的形成性评估与混合式对分课堂紧密结合，将混合式教学模式、课程思政、形成性评估“三位一体”多元有机融合，结合数字化时代形成性评估的新发展，开展将基于学习分析的形成性评估融入混合式教学的研究，以线上线下教学数据驱动教师和学习者准确把握学习状态，为学习者创造一种高度参与、个性化和创新性的英语混合式学习体验。

混合式教学是一场充满变化的动态旅程，不同的学科、不同的课程，甚至不同的教师都可能在教学中领略不一样的风景。本书中对于混合式外语教学实践和理论、混合式教学发展、课程思政、形成性评估以及教师行动研究的讨论都将帮助大学英语“英美文化概况”课程以及其他拓展课程的教师更为有效地开展混合式教学，同时也对其他学科混合式教学的开展具有参考和借鉴意义。

本书共 7 章。第 1 章主要介绍大学英语教学的新趋势以及混合式外语教学的发展背景。第 2 章主要介绍大学英语混合式教学的初期探索，包括技术视角下的在线应用阶段和教师视角下的教学整合阶段。这一章讨论了笔者参与的大学英语混合式教改实践，包括移动外语学习的形成性评估研究、移动外语教学初期合作学习模式的构建以及初期混合教学模式探索——翻转课堂。第 3 章是大学英语混合式教学笃行不怠之多元融合篇，主要介绍学习者视角下的多元融合阶段、“英美文化概况”课程混合式对分课堂教学实践、混合式对分课堂教学 2.0 版本的创新以及“英美文化概况”课程线上线下四大学习场景的融合。第 4 章主要介绍课程思政与“英美文化概况”课程混合式教学的融合。第 5 章主要介绍形成性评估的多样性研究，即将基于学习分析的形成性评估融入混合式教学的行动研究。第 6 章是大学英语混合式教学的教法学基础篇，主要介绍混合式教学的探究社区理论框架和动态支架理论模型。第 7 章主要介绍大学英语教师的行动研究，详细分析了形成性评估的行动研究教学案例。

本书的实证研究来源于大学英语教学实践，部分实证研究已在国内一些具有影响力的期刊上发表。期待本书的研究能对正在进行大学英语混合式教学的广大教师以及其他学科进行信息化教学的研究者有所启发。本书得以付梓，首先感谢多位专家和学者给出指点和建议，同时感谢家人对笔者工作的支持，谢谢儿子小可的理解。鉴于笔者水平有限，本书难免有疏漏之处，恳请广大读者和同人批评指正。

毕鹏晖

2022 年 8 月

目　录

第1章　大学英语课程教学的新趋势

在高等教育国际化背景下，大学英语课程的重要性不言而喻。信息化和全球化已成为影响大学英语教育的两个重要因素。无论是日常的现实和网络生活，还是不同国家人与人之间的交往，在互通交流、学习借鉴、外宣推广中，英语都扮演着越来越重要的角色。

1.1 大学英语教学内容的丰富

大学外语教学一直是我国高等教育阶段的重要组成部分，大学英语作为大学外语教育教学的主要内容，是国内本科院校非英语专业学生必修的一门公共基础课程。大学英语课程不仅与学生自身的发展需求相关，也与社会对于高素质综合型英语人才的需求相关，同时还与国家复合型外语人才的战略需求密切相关。大学英语课程不仅是一门语言基础课程，也是拓宽知识面、开阔国际视野、了解世界文化的素养教育课程，兼具工具性和人文性。虽然各个学校根据自身的办学定位与人才培养目标对于大学英语的课程设置有所不同，即在本科学习的不同阶段开设了不同的英语课程体系，但整体而言，大学英语教学的主要课程内容和结构可以分为通用英语课程、跨文化交际课程和专门用途英语课程。目前，各高校的大学英语课程主要为必修课、限定选修课以及任意选修课的对接或有机结合。大学英语必修课程学期数的减少和通识拓展英语选修课的增多已经得到越来越多的高校的认可。

语音、词汇、语法、话题、功能等内容是语言学习的基础，大学英语的学习也必须建立在掌握这些语言知识的基础上。大学英语课程内容有助于继续提升大学阶段学生的听、说、读、写、译五项语言基本技能，在大量语言实践教学活动中培养学生的英语综合应用能力和学习策略，增强自主学习能力，进而培养学生用英语进行相关专业学术交流与协同工作的能力。语言与文化之间的关系密切，语言是文化的承载者，学习语言离不开对于语言背后文化因素的了解。大学英语课程可以帮助学生了解英美文化，培养其跨文化交际的意识和能力。更重要的是，引导学生在体验世界文化差异的同时，更多地了解我国文化，促进自身人文素养的提升，在学习英语语言文化的同时，培养家国情怀和社会责任感，更好地进行中国文化的对外传播和积极推广。

1.2 大学英语教学方法的转变

教学方法是师生双方在教学过程中为了实现教学目标、完成课程教学任务而采取的方式、办法与途径，其中不仅包括教师教的方法，而且涵盖学生学的方法以及两者之间的协调与统一。大学英语的教学需遵循外语学习规律，充分考虑学生在学习方式和学习风格等方面的个体差异。教学方法的选择与使用要体现灵活性与适应性，大学英语教师要敢于尝试、勇于探索，在行动研究中进行教学反思，检验和改进教学效果，提升英语学习效率和教学质量，确保不同专业、不同基础、不同类别的学生在英语应用能力和跨文化素养方面都能得到充分的训练和提升。

当前大学英语教学正在逐渐实现由“教”向“学”的转变，大多数教师正在有意识地学习并采用任务式、项目式、合作式、探究式等教学方法，践行“以教师为主导、以学生为主体”的教学理念，使教学过程实现由关注教师“教”向关注学生“学”的转变，形成以教师引导和启发、学生积极主动参与为主要特征的教学常态。其中，作为我国本土外语教学的创新理论，北京外国语大学文秋芳教授的“产出导向法”和广东外语外贸大学王初明教授的“续理论”已经在外语教学领域得到了广泛推广和应用。

此外，“互联网 +”时代，创新人才的培养和教学改革加速了混合式教学成为外语教育教学新常态的进程。为了促进学生主动参与和自主学习，各大高校普遍开通了网络技术教学平台，引入优质的线上外语教学资源，教学模式从线下发展到线上，移动终端和智慧教学平台为学生提供了混合式教学的自主学习模式。混合式教学是教学理念的一种提升，相较于传统的教学理念，混合式教学在教学策略、教学方法、师生角色等方面都发生了相应的变化，学生开始从被动学习向主动学习转变。要实现混合式教学的新生态平衡，大学英语教师需要关注和研究学习者的语言认知、学习行为、情感体验与线上线下环境中其他要素之间的关系，在不断的平衡中形成大学英语教学新的有机整体。

1.3 大学英语教学手段的创新

教学手段是开展教学时使用的工具。教育现代化必须通过信息化来实现。《大学英语教学指南（2020 版）》强调在与信息智能并行的变革时代，多媒体、互联网、大数据、虚拟现实、人工智能等现代信息技术都可以成为外语教育教学的重要手段，“互联网 +”正在推动英语课程教学的革命。目前，在校大学生多为“95 后”，甚至“00 后”。根据欧美国家流行的 XYZ 的划分方法，出生于 20 世纪 90 年代末或是 21 世纪初的一代人被称作 Gen Z（Generation Z），即“Z 代人”。由于社会的发展、科技的进步，“Z 代人”从小生活在网络时代，受到智能手机、平板电脑、社交软件等影响，其生活和交流方式、对知识的接收方式、对社会文化的认知等都与以前的人有很大差异。

大学英语教师需要不断提升自我，在学习过程中避免故步自封，了解新技术的发展，提升使用信息技术的意识和能力，在大学英语传统课程教学中合理融入信息技术元素，构建网络互动平台，实现人机交互和人人互动，体现学习过程的可移动性和可监控性。在创新和实践线上教学模式的过程中，积极使用优质的网络慕课资源，完善和更新原有的英语课程体系和内容，求新求变，在利用现代信息技术的同时，不断反思英语教学，推进信息技术与课程教学的深度融合，促进大学英语教学理念和方式的优化升级。大学英语教师要积极参与全国外语微课大赛、教学创新大赛等各类比赛，以赛促学，以赛促教，在不断学习与交流中提升自身的信息化水平，创新教学理念，提高英语教学能力。

由移动信息技术构建起来的学习环境已成为影响外语教学的重要环境。大学英语教学正在主动适应网络信息时代“Z 代”大学生的学习方式和交流习惯，密切关注移动学习理论与技术的新发展，结合英语学科学习和记忆的特点，设计并建设个性化的移动英语学习平台，以符合现代学习方式的随时性、移动性、自主性、可延伸性等特点。

1.4 小结

根据上文所谈及的大学英语课程教学新趋势，我们得出：1）大学英语课程性质已经由最初的工具性向工具性和人文性兼具转变，大学英语不仅对学生个人未来的成长发展有助推作用，也对国家战略需求具有重要意义；2）现代技术赋能大学英语教学，其教学理念和教学方式与时俱进，中国本土文化中的外语教学创新之路方兴未艾，混合式教学正在成为新常态，相关研究也受到更多关注；3）“互联网 +”推动着大学英语教师使用新技术赋能教学，探寻有效的教学方法和工具，为学生构建线上移动学习环境是新时代的新课题。

第2章　大学英语混合式教学的初探前行——线上整合篇

笔者在近20年的教学经历中深刻感受到大学英语教学技术的演变：初为教师时，手提录音机进课堂，用粉笔在黑板上反复书写，后来课堂上可以播放英语教学卡带，而现在则可用投影仪播放PPT、视频等多媒体教学资源。

随着信息技术的发展，网络在线技术正主导着第二次教育革命，对传统教育提出了挑战，也提供了无限未知的机遇。在多年的大学英语教学改革实践中，教师们感受到英语教学与信息技术发展关系密切。伴随着无线通信技术的发展和移动设备的普及，移动学习作为一种新的学习方式渐渐进入大学校园，其灵活性、便携性与即时互动性等特点使学生可以利用零散时间进行交流、学习，提高了学生学习的自主性，为英语教学提供了新方式。移动在线学习和网络学习使学生摆脱了英语学习的时空束缚，它们与传统课堂的界限也越来越模糊，呈现出融合的趋势。

2.1 混合式外语教学的发展演变

国内外混合式学习（Blending Learning）历经近30年的发展，在我国的教育背景下，一般被称为混合式教学，是指经过教师的混合式教学设计，学生可进行混合式学习。长期以来，外语教师一直在探索如何利用信息数字技术营造真实和丰富的教学环境，线上线下的混合式教学不仅适应了新时期技术发展的特点，而且满足了外语教师对于语言教学发展的需求。将线上网络信息化的语言学习资源与线下面对面语言教学中的核心要素进行重组和分配，形成线上和线下相融合的混合式教学模式，也可称为混合式语言教学（Blended Language Learning）（Gruba、Hinkelman，2012）。十余年前，有专家预言混合式教学“很可能成为未来外语教学的主要模式，比纯粹的在线或者面对面教学都更为普遍”（Watson，2008）。事实证明，从2010年开始，微课、慕课、翻转课堂等依托互联网技术和教学软件的教学方式日渐完善，在国内教学界掀起了混合式外语教学的浪潮（陈坚林，2010，2015；王守仁，2017）。现有大量教学研究发现，混合式教学可以充分利用优质的在线教学资源，提升学生的学习成效和满意度。近年来，在国家线上线下混合式“金课”建设的背景下，混合式教学正发展成为外语教学的新常态。

混合式教学公认的比较宽泛的定义为“在线学习与面对面教学的混合”。美国教育学家莉兹·阿尼（2017）、迈克尔·霍恩和希瑟·斯泰克（2015）指出，混合式教学需具有三个特征：1）部分学习活动通过在线进行，学生可以自主控制学习时间、地点、途径和进度；2）部分学习活动在实体课堂进行；3）在线学习与面对面学习共同构成一种整合性的学习体验，也就是把传统学习方式的优势和 e-Learning（即数字化、网络化或在线学习）的优势结合起来，两者优势互补，从而获得更好的教学效果。

虽然对于混合式教学概念基本特征的认知没有改变，但是对于混合式教学概念的认知却仍然经历了递进的演变过程。笔者认为，混合式外语教学的概念可以从时空和教学两个维度来解释。其概念的演变可以划分为三个阶段：在线技术应用阶段、教学整合阶段和多元化融合阶段（见表 2-1）。本章将具体阐释混合式外语教学概念演变的前两个阶段——技术视角下的在线应用阶段与教师视角下的教学整合阶段，而多元化融合阶段将在第3

章进行说明。

表 2-1　混合式外语教学的发展演变阶段

	在线技术应用阶段	教学整合阶段	多元化融合阶段
时空维度	在线与面授内容结合	在线与面授的先后顺序和比例分配	在线与面授的情境融合
教学维度	教学内容和部分活动的复制粘贴	教学策略和方法的整合	教学数据的解读，学习者的体验和感受
关注重点	信息技术和智慧化教学工具的功能	翻转课堂，线上交互行为	个性化、泛在化学习，以学生为中心
关注角度	技术的视角	教师的视角	学习者的视角

2.2 技术视角下的在线应用阶段

21 世纪前后，混合式教学开始引起国内外教育家和实践者的关注，这一阶段的混合式教学主要关注教师对于信息网络技术和智慧化教学工具功能的开发和应用。当时，网络技术与移动通信工具的快速更迭和发展成为外语教师开展混合式教学最基本的物质支持。

相比其他学科，外语学科的混合式教学技术应用不仅起步早，而且持续时间长。技术与外语学科的耦合源自二语习得本身的学科特点，英语听、说、读、写、译等基本技能的培养对于教育技术的依赖似乎与生俱来，特别是对于没有自然外语学习环境的二语习得者外语听说技能的训练，信息技术与多媒体所能提供给语言学习者的便捷性不言而喻。在心理语言学中，认知互动理论（Cognitive Interactive Theory）也为学习者在移动网络环境中所获得的语言附带习得提供了理论依据，同时认知心理学领域中的技能习得理论（Skill Acquisition Theory）强调将技术设备作为学习者语言材料的数据来源和平台。

技能习得理论认为，所有的技能学习都需经过陈述性知识、程序性知识、自动化知识三个阶段。此理论为二语发展的路径提供了良好的解释框架。在陈述性知识阶段中，学习者通过对于显性教学提供的语言规则有意识地学习，进而在已获得的“是什么”的陈述性知识的指引下，进行数次操练活动，以取得“如何做”的程序性知识。获得程序化知识后，学习者需要通过反复练习，逐步提升语言输出的流利性和准确性。随着学习者语言技能的程序化，他们能调用自动化知识，减少语言输出的时间、错误率以及所需要的注意力。刻意练习（Deliberate Practice）在知识程序化和自动化转换的过程中发挥了极为重要的作用，而移动软件和平台无疑是不限于时间和空间的促进知识转换的最理想的技术载体。

当智慧化教学工具开始进入教学领域时，结合当时当地的实际情况，经过对智慧化教学工具功能和使用条件的对比和分析，“蓝墨云班课”（后更名为“云班课”）被笔者应用于大学英语教学中。在实践初期，课内主要是随堂测试、投票、问卷、签到、点名以及头脑风暴等，课外主要为课上未讲解内容的文本、视频、音频和链接的补充与拓展。随着大学英语课时的逐年缩减，教师为了在规定的时间内完成教学内容，往往注重对语言知识的教学。既然可以通过“云班课”讲授课堂内容，那何不把传统教学灵活地安排到课下，这样教师可以有更多的时间来创设情境，组织和开展语言教学的互动交流活动。

早期的外语信息化教学为混合式教学实践作了超长时间的铺垫，以至于混合式教学曾一度被认为是信息化教学的另一种说法，属于传统外语教学的辅助，或是信息化外语教学的替代。外语教师在第一阶段的混合式教学中，努力将信息技术和智慧化教学工具的各项功能与传统外语教学的某些教学需求进行功能匹配尝试。在这期间，外语教师扮演的是教学内容与活动的“搬运工”的角色。不仅将课堂外语教学的时间和空间向课外延伸，节省了成本，同时也大大提高了外语教学的效率。此阶段对于混合式教学的评价标准主要是是否能提高传统外语教学的效率，可以发现这里的评价只停留在达到或提升传统课堂教学的教学效果，而不是超越。因为很少有教师将混合式教学模式从传统教学中独立出来，那么一个“辅助者”当然就不应该“喧宾夺主”了。

尽管如此，在技术应用阶段仍然可以看到突破性的研究成果。例如，随着移动设备的普及、移动网络以及移动应用场景的日益丰富，英语的教与学不再受时间和地点的限制。作为技术时代的一种新型的学习模式，移动学习得到了国内外教育界专家和学者的关注，其便携性、即时性、交互性、灵活性和个性化的特点将使外语学习进入移动学习（Mobile Learning）的时代。移动学习，顾名思义，是指一种移动式、便携式的学习方式。在移动学习研究的初期，Learn 2 Go Project 研发人员便给出了细致的定义：作为一种学习模式，移动学习发生在学习者自己选择的任何时间和地点，是通过移动手持设备（如手机、平板电脑、电子词典等）和无线通信网络来实现的一种灵活性、即时性的交互连接。对于外语移动学习的研究来讲无疑为不同阶段的混合式外语教学研究作了在线移动教学的铺垫和准备。

2.3 移动英语学习的形成性评估研究

基于利用移动信息化工具拓展传统英语教学活动的时间和空间的思考和实践，如何进一步对移动线上英语学习进行形成性评估，保证大学英语移动学习的效果，促进英语移动学习，对这一新型的教学模式进行有效的形成性动态评价，继而促进移动学习的发展已成为亟待解决的问题。教学评估是大学英语教学的一个重要环节，全面、客观、准确的评估体系对于实现移动学习的目标和未来的发展至关重要。

2.3.1 移动英语词汇教学形成性评估的实证研究

1. 大学英语微移动学习融入形成性评估的理论基础

对于移动学习的概念，国内外学者（如 Kukulska-Hulme、Traxler，2005；

余胜泉，2013；等）的表述不尽相同，综合其共同点，可定义为学习者利用便携式移动设备和无线通信网络，在自选的任何时间、任何地点获取学习资源，以及与他人进行即时交流与协作。微型学习（Micro Learning）是基于微型内容、微型媒体和微型活动，特别是在无线网络环境中获取知识的一种学习方式（顾小清，2011）。此外，“微”也强调学习者以轻松的心态获得学习体验（祝智庭、张浩、顾小清，2008）。

移动学习与微型学习相结合，产生一种新型的学习模式——微移动学习（Micro Mobile Learning，简称 MM-Learning）。移动学习提供了便携式的学习载体，体现了学习的移动性和即时性。微型学习的内容往往精练简洁、松散连接，并具有自包含性，突破了移动终端技术上的限制，减轻了学习者的认知负荷，使学习可以融入点滴生活。微移动学习充分发挥了“即时信息年轻一代”在新技术和新媒体中的主流作用，在英语教学中蕴含巨大的空间和潜力。鉴于词汇学习一般不需要预热，可以随时开始和结束，内容短小，自包含性强，非常契合微移动学习的特点。微移动词汇学习的研究相对起步较早，目前此领域研究方兴未艾。

国内外第一波移动词汇学习的研究是建立在行为主义和认知主义理论基础上的，强调某一特定刺激和反应的关系。相关实证研究主要是围绕词汇学习载体的转变和词汇内容的呈现形式的研究。

在词汇学习载体的转变研究方面，研究者尝试将英语词汇学习的载体由传统的纸质课本或电脑转变为移动工具（主要是手机），学生通过电子邮箱、手机短信、网页浏览器等来接收和学习词汇。相关实证研究包括 Thornton、Houser（2005），Lu（2008），Cavus、Ibrahim（2009）等。在 Thornton 和 Houser（2005）的研究中，学生每日三次接收（通过电子邮箱）包括单词定义、用法及复习的微词汇课程。研究结果显示，用手机接收词汇的学习效果明显好于通过电脑和传统课本的学习。Lu（2008）的教学实验结果也证实了通过手机短信比课本学习词汇更有效。

在词汇内容的呈现形式的研究方面，研究者关注移动学习内容的多种呈现形式（文字、图片、视频等）。Thornton 和 Houser（2005）尝试让学生用视频学习习语，调动学生的学习积极性，收到了很好的学习效果。在 Gromik（2012）的实验中，学生通过手机视频完成选定主题的独白表演，结果表明，通过视频的方式能够提升学生的口语单词量。Taki（2011）等研究者探讨在移动环境下，学习者对词汇呈现形式的适应性问题。由于个体对视频和文字接受度的差异，Taki 提出向不同的学习者发送不同形式的移动信息。

上述研究虽然证实了移动工具确实有助于词汇学习，但只把传统和网络教学的内容复制到移动学习中，并不能体现移动学习即时交互的本质特点，未能完全发挥微移动学习的自身优势。最大的问题是假定只要提供教学内容就能促进学习，这是对学习过程过分简单的理解。

第二波移动词汇学习的研究是基于社会建构主义理念，强调在知识的建构过程中不仅需要个体与环境的相互作用，更需要学习共同体的合作互动。

Wong 和 Looi（2010）创造了一种移动合作式词汇学习模式。学生利用智能手机在生活中寻找使用成语和介词的场景，并拍照上传网络，供学生进行讨论学习。由于实验的被试者是小学生，研究者在设计移动活动时有关讨论的形式和内容都受到限制，因此学生的多元智能未能在合作活动中充分发挥。毕鹏晖（2014）利用手机 QQ 交流软件，探讨了教师与学生、学生与学生之间在任何时间和地点双向交流的教学合作互动模式，并进行了实证研究。

其实很多学者也都意识到了协作互动在英语词汇教学中的作用，并构想了关于大学英语词汇习得移动合作学习的宏观前景，如杨丽芳（2012）等，但相关的实证研究却并不多。究其原因，笔者认为主要是微移动合作词汇学习模式的设计要求比较精细，需要充分考虑当时当地的移动设备和网络以及学生的实际情况，在不增加学生额外认知负担的前提下，鼓励学生参与，这对研究者提出了较高要求。作为一种全新的学习模式，其发生的即时性、地点的灵活性、学习内容的泛在性以及学习形式的多样性，导致很难对学习过程进行监控、评估和调整。因此，如何根据微移动词汇学习的特点设计并实施形成性评估模式，同时基于评估反馈更好地调整和促进移动学习是目前面临的最大挑战，也是移动学习发展亟待解决的问题。

与教学主要的评估方式——终结性评估相比，形成性评估充分地体现了以学生为中心的教学方法论，强调学习过程，是一种“促学的评价”（Huhta，2008）。形成性评估是教学的一个过程，这个过程为适应教学提供了反馈，从而提高学生的成绩，达到预想的教学效果（Popham，2008）。由此可见，形成性评估是一个过程，不是一种特定的测试，可以由教师和学生同时使用。它发生在教学过程中，为教师和学生提供基于评估的反馈。反馈的功能是帮助教师和学生作出调整，从而提高学生的学习成绩，达到预想的学习目标。

自我评估和同伴评估是形成性评估的两种常用方法。在形成性评估中，自我评估帮助学习者反思自己的学习质量，判定自己在多大程度上达到了预定目标或标准，然后修改和完善自己的学习计划。进行有效的自我评估须具备以下条件：学习者充分认识自我评估的价值，了解评估标准；教师提供具体的评估任务，并给予必要的指导和帮助；学习者掌握可操作的评估模式，有机会修改和完善自己的成果（Andrade，1999）。同伴互评是对具有同等地位学习者的学习描述和形成性的明确反馈，是合作学习法的一个重要内容。在小组合作中，学生通过互相评估来加强与同伴的沟通，为检查自己和同伴的学习情况提供机会。在同伴评估中需与其他同伴进行讨论，听取别人的意见，了解评估量表，并确定努力方向，使每个参与者意识到“同伴文化”的力量（李清华、王伟强、张放，2014）。

近十几年来，形成性评估越来越引起国内外教育学者的重视。在英语教育研究领域，我国很多学者围绕形成性评估概念、理论和实践等多个维度进行了卓有成效的探讨和研究，如王华（2010）、杨华和文秋芳（2013）、罗少茜（2015）等。绝大多数的形成性评估研究都是在真实的课堂环境下开展的。近年来，已有学者尝试在网络环境中引入形成性评估体系的研究，如黄华（2010）、郭晋燕（2013）等。总体来看，目前形成性评估主要集中在对课堂教学和部分网络教学的研究，而应用于移动学习的研究还较为少见。如何以开阔的视野将大学英语形成性评估拓展到英语课堂之外，使自我反思与评价、团队协作与互促融入日常生活，对教学研究者而言是很有意义的挑战。

在微移动学习中融入形成性评估是教学和评估有机结合的一种全新的尝试。作为一种以学生为主体的即时动态性学习模式，微移动学习与形成性评估在理论基础、学习形式、学生地位等方面高度契合。在理论上，形成性评估更适用于微移动学习。在教学实践中，形成性评估是瞬时发生的，捕捉评估的时机和信息需要很高的技巧，微移动学习能够帮助收集、存储和记录学生在学习过程中丰富的即时信息。

一些研究者已经意识到形成性评估对移动学习的作用，如 Hwang 和 Chang（2011）构建了一种基于形成性评估的移动学习方式来促进小学生历史文化课的学习。此外，大多数的研究者还只是把移动设备作为评估的工具载体，如 Triantafillou Georgiadou 和 Economides（2008）、Nikou 和 Economides（2015）等，实际上是把课堂评估和网络学习的评估形式复制到移动工具上，研究移动工具而摒弃了移动学习，结果是使评估和移动学习相分离，变成了为了评估而评估，而不是为了促学而评估。

2. 微移动词汇学习中形成性评估的操作框架

形成性评估的操作框架可以多样化，不存在适用于一切条件的评价模式，应基于评估理论和当时当地评估的具体条件来设计（李清华、王伟强、张放，2014）。本研究将现有的移动学习环境和词汇学习特点相结合，利用自我评估和同伴评估两种形成性评估方法，将 Atkin、Black 和 Coffrey（2001）的形成性评估三个阶段的理念和 McMillan（2007）形成性评估的循环框架相结合，作为评估设计的雏形，探索形成性评估融入微移动词汇学习的操作框架（见图 2-1）。

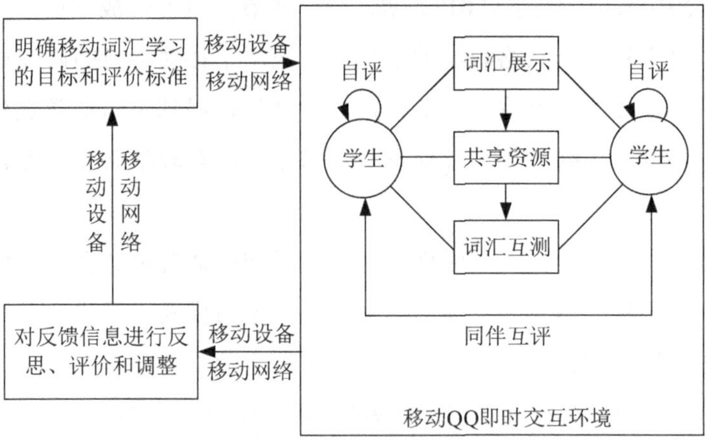

图 2-1 形成性评估在微移动词汇学习中的操作框架

第一步，明确目标和评价标准。经与学生协商确定，通过移动小组合作的方式学习乐词（一款单词手机软件）词库中的四、六级核心词汇。总目标确定后，学生制定每日的学习目标（此软件支持调整计划）。自我评估要求每日思考四个问题：1）是否完成今天预定的目标？ 2）在交流中今天是否有收获？ 3）今天得到几个虚拟币？ 4）明天怎样调整计划？问题的回答通过移动 QQ 于当天发送给教师。同伴评估包括评选当日小组内最佳组员，给予口袋币奖励。组内互测中，出题者给予第一个答对者口袋币奖励。每周日由教师和小组成员出题对本周所学的词汇进行小测，组内成员通过移动 QQ 在线抢答，由出题者给予答对者奖励。

第二步，移动学习过程中的形成性评估。设定目标后，实验组的学生每日进行三个活动环节：1）词汇展示。每位成员需把当日所学词汇截屏或写在纸上拍照发至 QQ 组。2）共享资源。与小组成员分享记忆方法和策略以及在多重语境下词汇使用的范例，至少分享一句话（包含当日所学的一个或几个单词），通过与同伴交流解决词汇学习中的问题。3）词汇互测。每日每人出两道词汇题，形式不限（文字、图片或语音等），成员在 QQ 组内进行抢答。

第三步，反思、评价和调整。学生根据当天自我评估和同伴互评的具体反馈信息调整第二天的学习计划和策略，改进学习方法和态度。从评估到反馈再到调整学习是一个循环，这一循环每日甚至每刻都在周而复始地进行。

3. 研究设计与实施

（1）研究对象

研究对象为燕山大学四个专业的大二学生。根据问卷调查结果选出 110 名学生进行词汇前测。为保证成绩的同质性，参考 Hayati 等（2013）的研究，对研究对象进行再次筛选，根据前测数据（*Mean*=35.86，*SD*=7.17），成绩高于和低于平均分一个标准差区间内的 70 名学生最终被确定为研究对象。实验组和对照组各 35 人。综合考虑学习词汇等级、前测成绩、性别比例和组内成员性格，实验组的 35 人被分成 7 个移动小组（每组 5 人）。

（2）研究工具

一是大学生手机背景调查问卷。问卷由两部分组成，包括学生对于手机和网络的使用情况调查与参加实验的个人意愿调查。

二是词汇测试。在乐词软件四、六级核心词汇中，采用抽样的方法选取 100 个目标词汇进行测试，分为辨别测试（Recognition Tests）与回忆测试（Recall Tests）两种。为确保测试的信效度，辨别测试 4 个选项均为四级以下词汇难度。由两名有 10 年以上教学和考评经验的本校专家进行评估和检测试卷内容效度。对试卷进行一致性信度检测，克朗巴哈系数为 0.79，表明试卷测试信度很高。

三是关于对微移动词汇学习的学习动机调查问卷。本研究的学习动机问卷以 Glynn 和 Koballa（2006）的理论框架为基础，结合微移动学习的特点，由 5 个部分组成，即内部动机、外部动机、自我决定、自我效能和焦虑感。采用李克特量表计分，分值从 1（非常不同意）到 5（非常同意）。经 SPSS 检验，此问卷结构效度良好。问卷 5 个组成部分的克朗巴哈系数均大于 0.7，说明本研究使用的学习动机问卷内部一致性信度较高。

四是在实验结束后笔者对20名实验组学生进行分组面对面访谈，被访谈者从实验期间词汇学习进步幅度不同的学生中选取。

（3）研究问题

1）融入形成性评估是否会对微移动词汇学习的学习效果有显著影响？

2）融入形成性评估是否会对学习者的微移动词汇学习的学习动机有影响？

3）学习者如何评价微移动词汇学习中的形成性评估？

（4）研究过程

1）对研究对象进行筛选，同时记录保存70名参与者的前测成绩。

2）指导学生下载安装手机单词软件并熟悉其功能和使用。鼓励所有学生进行移动词汇学习，同时，大学英语教学进度和课堂内容正常进行，对照组和实验组的活动安排如表2-2所示。实验组学生明确自我评估和同伴互评的具体要求、操作和标准。教师作为管理员在每个QQ评估小组内具体演示互测出题的形式，提供移动评估活动帮助。

表2-2　对照组和实验组活动内容对比

	对照组	实验组
活动工具	手机单词软件（乐词）	手机单词软件（乐词）+形成性评估（移动QQ内）
活动周期	六周	一天
考核方式	终结性测试评估	形成性评估+终结性测试评估
具体要求	利用微移动学习方式记忆词汇	利用微移动学习方式记忆词汇+每日自我评估和同伴互评

3）实验结束后，根据软件记录统计学生移动学习单词的数量，进行词汇后测，并填写学习动机调查问卷。根据相应数据和信息对实验组部分成员进行访谈。

4. 研究结果和讨论

本研究针对研究问题进行了定量和定性分析，其中定量研究使用统计软件 SPSS 19.0 对实验数据进行分析。

（1）词汇前、后测试数据结果和讨论

词汇前测数据（见表 2-3）经独立样本 t 检验结果显示，$p = 0.92(>0.05)$，说明两组学生前测成绩没有显著性差异。

表 2-3 实验组和对照组前、后测成绩数值统计表

	实验组（N=35）	对照组（N=35）	*MD*	*t*	*df*	Sig.（双侧）
前测平均分（*Mean*）/标准差（*SD*）	27.51/5.37	27.40/3.74	0.11	0.10	68	0.92
后测平均分（*Mean*）/标准差（*SD*）	51.57/13.96	37.03/8.04	14.54	5.34	54.32	0.00
学习单词总数量（Total Number）	15332	6240	9092	—	—	—
人均学习单词数量（Per Capita）	438	178	260	—	—	—

词汇后测中，与对照组相比，实验组平均每位学生的词汇习得量多 343 个。$QD = MD/f =（M_t-M_c)(N/n) =（51.57-37.03）\times（2359/100）=343$（其中 QD 为量差，MD 为均差，f 为比率，M_t 为实验组平均分，M_c 为对照组平均分，N 为移动软件中四、六级核心单词的平均值（2520+2198）÷ 2 = 2359，n 为后测单词量，即随机取样 100 个）。既然后测抽样数为 100，那么表 2-3 中两组后测的平均得分可以理解为词汇习得的百分比，也就是实验组词汇习得百分比为 51.57%，对照组词汇习得百分比为 37.03%。

词汇后测中，实验组平均分比对照组多 14.54 分，经方差方程的 Levene 检验，Sig. = 0.01，方差不相等，分析数据 t=5.34，df=54.32，$p = 0.00$（<0.01），表明实验组和对照组均数差别有极显著性意义。数据分析发现，两组之间

差异的 Cohen'*SD*=1.28，依据 Cohen（1988）的标准，这属于较大效应量。这表明融入形成性评估会极大地提高微移动词汇学习的效果，进行微移动词汇学习的学生与进行融入形成性评估的微移动词汇学习的学生在学习效果上有极显著性差异。

实验组前、后测标准差是 5.37 和 13.96，对照组前、后测标准差是 3.75 和 8.04，可见两组后测的标准差都高于前测。与对照组相比，融入形成性评价的实验组内个体间离散程度更大。*SD* 值的变化说明微移动学习会使学生个体间的词汇差异增大，而在融入形成性评估的微移动词汇学习中，这种差异可能会变得更大。

根据软件记录数据，实验组活动期间学习词汇总数为 15332 个，平均每人 438 个；对照组总数为 6240 个，人均 178 个。由图 2-2 可知，实验组大部分学生自主学习单词数量在 200 ～ 600 个，另有三名学生学习数量在 1000 ～ 1300 个，对照组全部集中在 0 ～ 400 个。这表明在微移动学习中，融入形成性评估大大提高了学习者学习单词的效率，同时促使一部分学生移动习得得更多，通过形成性评估，移动学习者的学习效率显著提高。

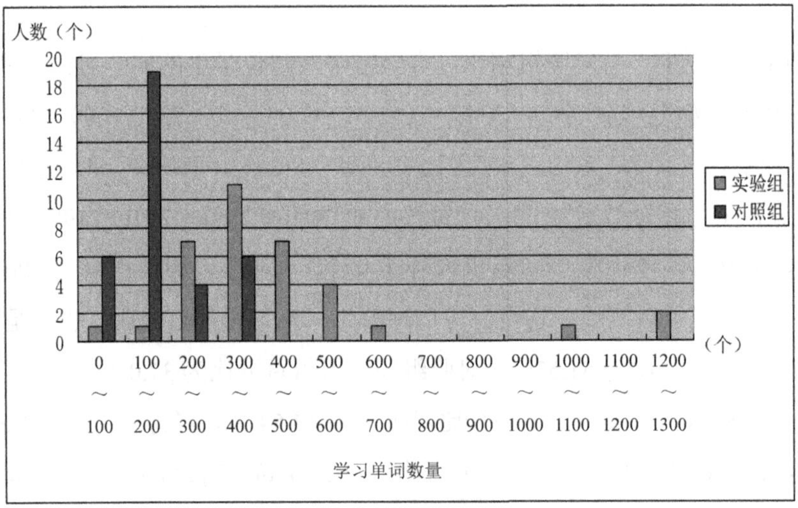

图 2-2　实验组和对照组微移动词汇学习数量比较

研究结果表明，形成性评估体系嵌入微移动学习大大提高了移动学习者自主学习词汇的数量。同时，也对微移动词汇学习效果有显著性影响，在移动学习环境下，形成性评估与大学英语词汇学习具有正相关性。后测中两组成绩差异显著的原因可能是在6周的时间内，实验组成员在对移动学习自我评估中为自己设定的词汇任务量和投入的时间与精力都比对照组多，而且成员之间的互动和互评也增强了彼此的学习投入，提高了学习效率。

（2）微移动词汇学习的学习动机问卷结果和分析

实验结束后，对参与者进行学习动机问卷调查。学习动机是学习者探寻学习活动意义和价值的一种内部动力和驱使。因为之前没有进行过有组织的移动学习，所以这里只对实验结束后的学习动机进行比较。共17道选择题，其中第3和第15题为否定表述。

1）内部动机

内部动机是指学习者进行的学习活动是出于内在的兴趣和愿望。独立样本 t 检验结果显示（见表2-4），实验组每题平均得分都高于对照组，其中第2和第4题中的两组数据差异非常显著。实验组第4题平均分（4.46）最高，而对照组此题平均分（2.59）最低，标准差（1.04）最大，*MD* =1.87，说明在移动学习自我肯定所带来的喜悦体验上，两组差异极为显著，同时在自我肯定的体验上，对照组个体间的差异最大，Cohen' *SD* = 2.27，表明此题 t 检验的效果量为较大效应。第1题和第3题 $p > 0.05$，说明两组数据差异不显著。

表2-4　实验组和对照组内部动机数据比较

题目	组别	*Mean*/*SD*	*MD*	*t*	*df*	Sig.（双侧）	*d*
1. 我感觉用手机学习英文单词很有趣（1）	A	4.17/0.76	0.17	0.84	68	0.40	0.22
	B	4.00/0.76					
2. 我享受用手机学习词汇的过程（9）	A	4.13/0.61	0.54	2.68	68	0.01	0.72
	B	3.59/0.85					

（续表）

题目	组别	*Mean/SD*	*MD*	*t*	*df*	Sig.（双侧）	*d*
3. 用手机学习单词没有带给我词汇学习的成就感（2）	A	3.71/0.95	0.22	0.92	68	0.36	0.24
	B	3.49/0.91					
4. 在移动学习中我可以体会到自我肯定的喜悦（16）	A	4.46/0.51	1.87	9.50	65.58	0.00	2.27
	B	2.59/1.04					

注:A 为实验组，B 为对照组，括号内的数字为问卷中的序列号，下同。

内部动机是激发学习者学习动机的关键。在移动学习中，实验组学生的兴趣和成就感高于对照组，原因可能是形成性评估在课下移动环境下带给学生全新的学习、评价和互动体验，这种利用碎片时间即时交互的评价式学习增强了学生的成就感。自我评估中自我目标的确定和实现以及来自同伴的评判和鼓励都使参与者体验到自我肯定的喜悦，学习者在学习中收获得越多也就越享受学习的过程。

2）外部动机

外部动机是指学习活动是来自外部奖励的结果。在外部动机题项中，实验组的平均得分均高于对照组（见表 2-5），p=0.00（< 0.01），说明在微移动学习的外部动机上，实验组显著高于对照组。实验组得分均高于 4.71，对照组第 7 题得分（4.18）最高，第 8 题得分（3.03）最低，*MD*=1.68。第 5 题至第 8 题的 Cohen'*SD* 值均大于 0.80，皆属于较大效应量。

表 2-5　实验组和对照组外部动机数据比较

题目	组别	*Mean/SD*	*MD*	*t*（*df*=68）	Sig.（双侧）	*d*
5. 在移动学习中我希望比其他同学表现得更好（10）	A	4.71/0.46	0.84	5.11	0.00	1.24
	B	3.87/0.83				
6. 在移动学习中我越来越感觉英语词汇很重要（11）	A	4.83/0.38	0.68	5.39	0.00	1.45
	B	4.15/0.54				

（续表）

题目	组别	*Mean/SD*	*MD*	*t*（*df*=68）	Sig.（双侧）	*d*
7. 我认为词汇量有助于在以后的英语考试中取得高分数（12）	A	4.75/0.44	0.57	3.82	0.00	1.03
	B	4.18/0.64				
8. 我想在移动词汇学习中获得同伴的认可（17）	A	4.71/0.46	1.68	9.95	0.00	2.72
	B	3.03/0.74				

在移动学习中进行形成性评估对学习者而言是具有挑战性的任务，而这样的任务容易激发参与者的兴趣。学习者希望在同伴的反馈和评价中得到他人的认可，而当学习目标和活动之间的关联性确定后，学生也就看到了活动的价值。在移动学习中，外部动机和形成性评估的强相关性说明移动形成性评估能产生在传统教学中无法实现的外部动机，这种外部动机推动着移动学习的进行。

3）自我决定

自我决定是学习者对学习过程的控制。检验数据显示（见表 2-6），实验组平均得分均高于对照组。其中，第 10 题和第 11 题实验组平均分（4.04）最高，第 9 题得分（3.54）最低；对照组第 10 题得分（3.72）最高，第 11 题得分（3.03）最低。第 9 题和第 10 题，$p=0.88$ 和 $p=0.14$，表示两组差异不显著。第 11 题，$MD=1.01$，$p=0.00$，表示在调整目标和进度上，两组的差异非常显著，Cohen'*SD*=1.22，效果量为较大效应。

表 2-6　实验组和对照组自我决定数据比较

题目	组别	*Mean/SD*	*MD*	*t*	*df*	Sig.（双侧）	*d*
9. 我现在已经形成利用碎片时间进行移动词汇学习的习惯（4）	A	3.54/0.66	0.03	0.15	68	0.88	0.04
	B	3.51/0.79					
10. 我会利用手机网络积极查找信息和设想语境去巩固单词的用法（5）	A	4.04/0.75	0.32	1.50	63.94	0.14	0.38
	B	3.72/0.94					

（续表）

题目	组别	*Mean*/*SD*	*MD*	*t*	*df*	Sig.（双侧）	*d*
11. 我会调整移动词汇学习的目标和进度（6）	A	4.04/0.69	1.01	4.51	68	0.00	1.22
	B	3.03/0.96					

自我决定与自主学习密切相关，是由学习者的内在需要出发，是学习动机的能量基础。移动学习有助于帮助学习者养成随时随地学习的习惯，形成性评估的融入强化了学习者移动自主学习的控制力，确定学习行为的方向和目标，有助于掌握自我学习进度和提高解决学习问题的能力。

4）自我效能

自我效能是学习者对自己能否完成某一学习活动的主观判断。表 2-7 的数据显示，实验组自我效能的平均分均高于对照组。其中，第 13 题的实验组和对照组平均值（4.29 和 4.08）最高，第 14 题得分最低，其中实验组 3.42（*SD*=1.02），对照组 2.38（*SD*= 0.96），*MD*=1.04。第 12 题 p= 0.02（$<$ 0.05），表示实验组和对照组的差异显著。第 13 和 14 题的 p= 0.00，两组间自我效能感差异非常显著。

表 2-7　实验组和对照组自我效能数据比较

题目	组别	*Mean*/*SD*	*MD*	*t*（*df*=68）	Sig.（双侧）	*d*
12. 我现在对移动词汇学习很有信心（3）	A	3.83/0.76	0.52	2.45	0.02	0.65
	B	3.31/0.86				
13. 我今后还会用移动学习的方式进行单词学习（8）	A	4.29/0.69	0.21	1.05	0.00	0.28
	B	4.08/0.84				
14. 我相信自己比没有进行移动词汇学习的同学掌握更多的词汇（15）	A	3.42/1.02	1.04	4.04	0.00	1.04
	B	2.38/0.96				

两组学生都有兴趣继续移动学习，但实验组学生的效能期望值和对未

来移动学习的信心明显高于对照组。原因可能是在移动评价活动中，实验组成员不同程度地感受到自我和同伴的肯定，或是看到能力相近的同伴取得成功的经历，这使学习者对自己移动词汇学习的能力产生了积极的推测和判断。当学习者确信自己有能力进行移动词汇学习时，他就会产生高度的自我效能感。

5）自我焦虑

表 2-8 自我焦虑比较数据显示，实验组平均分均高于对照组。其中，实验组平均分最高的是第 17 题（4.54），第 16 题（3.13）得分最低；对照组得分最高的是第 15 题（3.64），最低的是第 17 题（2.28）。第 15 题 $p = 0.66$，显示实验组和对照组的差异不显著；第 16 题 $p = 0.03$，表示两组差异显著；第 17 题 *MD* =2.26，$p = 0.00$，说明两组的差异非常显著，且 Cohen'*SD* = 2.91 为较大效应。

表 2-8　实验组和对照组自我焦虑数据比较

题目	组别	Mean/*SD*	*MD*	*t*	*df*	Sig.（双侧）	*d*
15. 我认为用手机学习占用我原本用于书本的学习时间（7）	A	3.75/0.90	0.11	0.44	68	0.66	0.12
	B	3.64/0.99					
16. 我会担心其他同学比我在移动学习中表现得好（13）	A	3.13/1.12	0.69	2.29	68	0.03	0.60
	B	2.44/1.19					
17. 我在移动学习中，常常感受到来自自身的压力（14）	A	4.54/0.51	2.26	10.52	66.80	0.00	2.91
	B	2.28/0.97					

不管是实验组还是对照组，大部分学生都不同意移动学习占用了书本学习时间的说法。移动学习是一种智慧利用时间的学习方式，只要时间管理得好，移动学习是不会与书本学习发生冲突的。研究结果表明，形成性评估的介入确实能带给学习者一定程度的压力，即来自自身与同伴的压力。相比较而言，在移动学习环境下，来自自身的压力比来自同伴的压力更为明显。

问卷结果表明，一系列的自我评估和同伴评估的活动为学生在移动环境下的自主学习创造了条件，在自我评估的过程中加强了学生监控和评价自我学习效果的能力。这与 McMillan 和 Hearn（2008）关于自我评估可以提高学习者学习动机的研究发现一致。同伴互评活动使参与者感受到来自小组的鼓励和认可，提升了移动学习的自我效能，印证了之前的研究结论（Castillo-Merino、Serradell-López，2014），学生使用数字化设备进行学习的自我效能将对学生的学习动机和学习效果产生积极影响。总之，在微移动学习中，形成性评估的运用增强了学习者微移动词汇学习的学习动机。

（3）访谈结果和分析

实验结束后，笔者对实验组的 20 名学生进行分组面对面访谈，并对访谈的音频内容进行整理、分类和分析。

当被问及在微移动词汇学习中自我评估和同伴互评的最大收获时，学生的看法主要集中在：1）激发了词汇学习的热情，认为是有趣的学习体验。2）通过评估提高了移动词汇学习效率，如“在群里看到其他同伴的表现，不想被同组成员落下，课下词汇学习的紧迫感是过去没有过的”（A 同学）。3）更清楚地了解了移动学习的目标、进度和学习效果，如“自我评估可以提醒我看看自己背过的单词，清楚自己学了多少，同时给自己设定新目标，感觉挺有动力的”（B 同学）。4）时刻感受到来自群里同伴的力量，如“在我们小组里，某同学的单词量很大，每天都高质量地完成任务，后期我自己的学习进入瓶颈期，但她认真的态度激励我继续坚持”（C 同学）。当被问到同组中优秀的同伴是否会对其构成学习压力时，D 同学回答：“我感觉挺好，没有不舒服的压力，反而给我一种动力，可以时刻投入学习。”

当被问及在同伴互评和自我评估中遇到最大的问题时，学生的回答集中在：1）组内成员的词汇量差异导致评估困难，如“我的单词量太小，有些组员出的题里面有好多单词看不懂”（D 同学）。2）评估耗时长，如“为了出词汇题需上网查，花费的时间比背单词还多”（E 同学）。3）同伴评估缺少变化，如“刚开始大家感觉很有趣，但新鲜劲儿一过，大家有时就不太积极了”（F同学）。4）交流时间上的差异，如“有时发出的消息不能立即收到回复，会被刷屏”（G同学）。

当被问及是否愿意继续参加此活动时，所有被访的学生都表示愿意继续，并相信继续学习会使词汇学习取得更大的进步。对同伴的建议归纳为希望同组成员态度更认真。对教师的建议归纳为希望教师提供和设计更多样的评价活动，保持和提升大家参与的积极性。

在实验开始前笔者就告知所有参与学生，他们在移动学习活动中的表现不会影响期末成绩，同伴评估给予的是虚拟奖励。虽然笔者承诺会根据最后得到的口袋币数量给予不同的小礼物，但显然这样的物质鼓励没有评价分数等级对学生的激励力度大，所以在关于评判过程公平与否、评判打分系统是否严谨等之前相关研究（如Hanrahan、Issaacs，2001）中出现的问题，在此次移动学习评估活动中并没有出现。然而在微移动学习环境下，学习者团队归属感体现得非常强烈，期望自己能被组员关注，渴望能与其他组员产生学习共鸣，并且希望自己的表现能影响其他组员，这些在虚拟环境下的真实反映很大程度上构成了移动学习的压力与动力。有趣的是，与课堂教学评估相比，这种真实情境下的虚拟评估带给学习者极大的自我调整的空间和自我转变的可能。总之，参与者对微移动学习中融入形成性评估给予了肯定的评价，针对提出的问题和建议，笔者对今后微移动学习形成性评估的设计提出了更高的要求。

本研究的目的是在技术时代的微移动学习中引入形成性评估模式，把自我评估和同伴评估与微移动词汇学习相结合，进行大学英语微移动词汇学习融入形成性评估模式的实证性研究。研究结果显示，形成性评估模式的融入提升了学习者微移动学习的潜力，对词汇学习过程和学习效果进行动态评估会显著提升微移动词汇学习的学习效果，同时自我评估和同伴评估能增强学习者在课下进行微移动词汇学习的学习动机，对部分学习动机有显著性改变。学习者对融入形成性评估的微移动词汇学习模式评价反馈积极，反映出微移动学习环境下形成性评估对学习者影响较大。针对学习者反映的问题，如何利用形成性评估培养其微移动自主学习的能力，提高适合微移动学习的形成性评估的信度和效度，更好地发挥形成性评估在微移动学习中的促学作用是未来的研究课题。

2.3.2 移动英语听力教学自我评估的实证研究

教育学家 Marc Prensky 在 2001 年曾把当代学生称为“数字原住民”（Digital Native）。移动智能设备和移动互联网的发展愈加凸显了“数字原住民”与以往不同的需求和期望。作为技术时代的新型学习方式，移动学习赋予了学习灵活性、交互性和个性化的特点，同时也有助于当代学生终身学习能力的培养。

在外语教学中，自我评估是形成性评估的常用方法。现代高等教育应该建立在学生对自我学业的评估和反馈能力的基础上，同时有效的自我反馈训练也有助于支撑学习者自主学习能力的发展。本教学实证研究聚焦于大学英语移动听力学习，分析移动听力学习亟待解决的问题，探索将形成性自我评估融入大学英语移动听力学习中，为移动听力自主学习能力和自我评估能力的发展提供一种全新的尝试。

1. *移动听力学习融入形成性自我评估的前提基础*

移动学习凸显了学习的移动性、便携性、即时性和资源的丰富性，使学习可以融入日常生活，支持个性化学习，支持学习者与教师及其他学习者的交互。目前移动学习工具对语言学习有效性的研究方兴未艾，其中包括提升学习者在课堂外对第二语言的接触时长、促进学习者交流、增加学习机会、鼓励自主学习、加强对学习的反馈、减少任务完成时间、方便学习资料获取等。

在现实语言交际中，“听”一直都是最重要的语言技能。近年来，较多注意力已转向“自下而上”的听力过程，因此有学者呼吁不可低估“自下而上”的听力过程，认为许多听力错误源于对语音和词汇的错误识别，而解决这一问题需要日常的练习积淀，仅靠背景知识和策略是不易弥补的。大学英语听说课时有限，课堂学生人数多，教师还需进行听力策略讲解，留给学生练习的时间极为有限。而在课堂外，教师更是很难做到对每位学生的表现进行持续和即刻的反馈。手机随着自身功能的日益强大及移动网络的迅猛发展已成为现代年轻人最重要的便携式设备。学生可以根据自己的情况通过手机随时随地进行听力训练，同时可以获得即时反馈，也可以互相交流。

目前对于移动英语听力学习的研究，国内外文献大体可以分为三类：1）关于移动听力学习的现状和可行性分析；2）关于移动听力资源与App的构建；3）与传统听力学习比较，对移动听力学习有效性的实证分析以及学习者态度和感受的调查。以上研究在肯定移动学习在英语听力教学中的作用和潜力的同时也凸显了另一个事实，即移动学习发生在传统课堂外的任何地点和时间，属于教学监控的盲区，移动设备虽然可以丰富学习内容，但也可能分散学习者的注意力，当学生在课堂或者课外使用移动设备时必须以某种方式来监控。任何一门利用移动技术的课程都应在教授学生专业知识的同时，培养和提高学生在数字时代的必要素养（麦奎根等，2006）。

如何建构课堂外移动听力自主学习环境，培养学习者正确使用移动设备，并提高数字时代背景下的自主学习能力是教师在新的教学实践中需要解决的问题（任庆梅，2011）。语言学习的自主性是指学习者管理自己学习语言的能力，是一个不断积累、生成、调整、完善的动态发展过程。自主学习不仅有助于提升学习者的学习成绩，而且是终身学习的基础。虽然自主学习一直是教育学研究的重要课题，但并没有形成统一的观点。本研究基于Zimmerman（2000）建构的自主学习循环三阶段的理解维度和模式，结合移动听力学习的特点，提出移动听力自主学习的能力和素养中应该包含但不限于以下几个方面：1）学习者能够根据自己的英语听力水平和需要确定和调整移动学习的目标和进度；2）构建自己的移动学习环境以及管理移动学习时间；3）掌握适合自己的移动听力学习策略和方法；4）能够在移动网络环境下随机应变和寻求帮助；5）能够反思、评价和及时调整移动听力学习行为和表现。本书会对形成性评估融入后的移动自主学习能力的变化进行比较和分析。

形成性评估是教学中教师和学生使用的一个过程，为适应教学提供反馈，进而提高学生成绩，达到预想的教学结果。形成性评估可以由教师和学生同时使用，发生在教学过程中，为教师和学生提供持续和诊断性的评估反馈。

一些教育工作者认为，单由教师来进行外部评估在学生看来是不公平的。当学生被给予评估自己的机会时，他们会更加自信地呈现有关自己进步的更为精准的信息，同时也增强了自主学习的意识（Gipps，1994）。因此，作为评估反馈信息的关键性来源，学生既是评估的对象，又是评估的主人，是形成性评估信息的“生产者”和“消费者”（Andrade、Cized，2010）。如果形成性评估只由教师掌握，那我们将很难看到学生能力是如何提高的，也很难培养学生在终身学习中所需的自主学习技能。因此，让学生思考自己的学习结果和质量，而不仅仅依靠教师的评价是形成性评估的核心。

自我评估意味着学生反思自己的学习效果，判断其在多大程度上符合预设的目标和标准，评判自己的优缺点，进而对下一步的学习进行相应的完善与修正。学生需要知道学习的目标和判断的标准，根据标准，提供反馈，转变和改进学习方向与学习策略。自我评估的形式可以是独立完成的，也可以与同伴一起或者在小组内完成（罗少茜、黄剑、马晓蕾，2015）。

自我评估的效果研究覆盖的领域广泛，包括社会科学领域的研究、自然科学领域的探索、外部测试领域等。对学习的促进效果已得到了广泛认可，但在二语习得领域中，关于自我评估促学效果的实证研究并不多见。此类研究最早集中于外语输出领域（写作和口语），近几年也有学者开始关注在英语教学输入领域（阅读和听力）进行自我评估的研究，但在移动学习领域罕有对于移动听力能力进行自我评估的实证研究。

2. 移动听力学习中融入形成性自我评估的操作框架

形成性评估的操作框架可以多样化，没有“适用于一切条件”的评估模式，应根据形成性评估理论和此时此地的具体评估条件而设计和实施。本书将 Atkin、Black 和 Coffrey（2001）形成性评估三个阶段的理念和 McMillan（2007）形成性评估的循环框架相结合作为评估设计的雏形，利用现有移动技术环境以及移动学习的特点，建构一种移动听力学习形成性自我评估模式的操作框架（见图 2-3），管中窥豹，旨在对移动听力学习和形成性自我评估能力的发展进行一种可操作性模式研究。

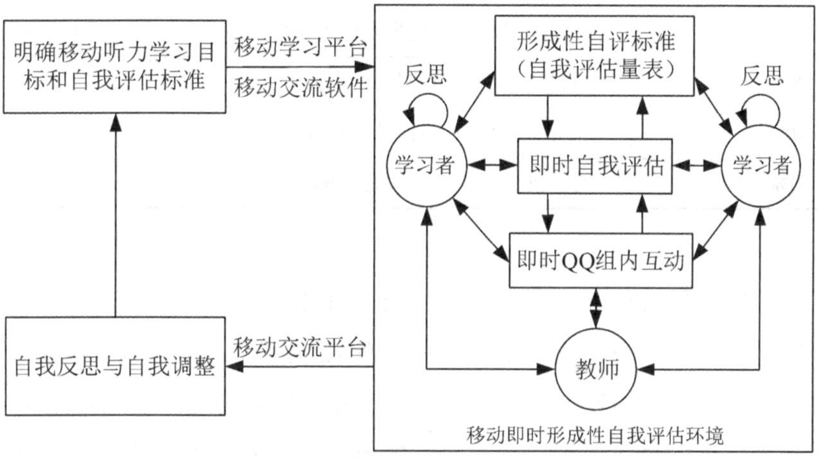

图 2-3　形成性自我评估在移动听力学习中的操作框架

移动听力学习的精听与泛听学习自我评估量表如表 2-9、表 2-10 所示。

表 2-9　移动精听学习自我评估量表

听写完成情况	情况自我解读	QQ 组内上传评估图案
1～2 遍可以听懂	恭喜，英语很棒！	
3～4 遍可以听懂	英语不错！加油！	
5 遍以上或没有听懂	不要灰心，继续努力！	

表 2-10　移动泛听学习自我评估量表

听力完成情况	情况自我解读	QQ 组内上传评估数字
100%	我听懂全部内容	10
90%	我几乎都能听懂，但是错过了几个词语	9
80% ～ 70%	我大部分可以听懂，但有几个句子没有听明白	8 ～ 7
60% ～ 50%	我可以理解大致的情境，但错过了很多听力细节	6 ～ 5
40% ～ 30%	我了解内容大意，但很多地方很茫然	4 ～ 3
20%	或多或少我能听明白一点内容	2
10%	我时而能听明白几个单词	1
0%	我一个单词都没有听懂	0

（1）明确移动听力学习目标和自我评估标准

通过与学生协商，明确学习目标是在 12 周课堂外的时间里进行新闻、电影、讲演等方面的发音和听力的训练。移动学习内容的实用性是影响学习者接受程度的最重要因素。总目标确定后，教师在“云班课”学习平台推送 Daily English Dictation 系列精听课程资源以及 BBC、VOA、CNN 和 TED 等泛听资源，同时构建移动听力学习自我评估量表，见表 2-9 和表 2-10。

（2）移动即时形成性自我评估环境的建立

学生根据自我听力学习完成情况，参照自评量表，随时随地上传图案或者数字至所在的 QQ 小组，同时鼓励组内成员以语音、文字等形式进行有关听力内容的组内交流与互动。

（3）对移动听力学习的自我反思与自我调整

引导学生对自己的听力完成情况进行反思和调整，继而调整下一循环的听力学习目标，此循环过程周而复始，周期可以是一天，也可以在学习中即时发生。

3. 研究设计与实施

（1）研究对象

研究对象为北方某高校大一学生。通过背景调查和听力前测同质性检测，66 名学生参与实验，实验组和对照组各 33 名学生。实验组的 33 名学生分为 6 个 QQ 移动小组（每组 5 ～ 6 人）。

（2）研究工具

1）移动手机和网络在英语听力学习中的使用情况和个人意愿的背景调查问卷。

2）听力测试，由 3 位有 10 年以上教学和考评经验的本校专家进行评估和检测试卷内容效度。经一致性信度检测，克朗巴哈系数为 0.73，表明试卷测试具有较高的信度。

3）移动听力自主学习能力问卷，问卷设计基于 Zimmerman 自主学习模式，参考 Barnard 等（2009）的在线自主学习问卷，结合移动听力学习特点，由学习目标确定、时间管理和地点构建等 5 个部分组成。采用五级李克特量表计分，分值从 1（从不）到 5（总是）。经 SPSS 检验，问卷结构效度良好。各维度的克朗巴哈系数均大于 0.70，说明问卷内部一致性信度良好。

4）实验结束后对实验组和对照组各 15 名学生进行分组面对面访谈，被访谈者分别为移动听力学习自主能力排名高、中、低的学生。

（3）研究问题

1）在移动听力学习中融入形成性自我评估是否会提升学习者的听力学习效果？

2）形成性自我评估的融入是否会对学习者移动听力自主学习能力产生影响？

3）学习者如何评价在移动听力学习中融入形成性自我评估模式？

4. 研究结果和分析

本研究针对研究问题进行了定量研究和定性研究，其中定量研究使用 SPSS 19.0 软件对实验数据进行统计分析。

（1）听力前、后测试数据结果与分析

表 2-11 中听力前测结果显示两组成绩无显著性差异，*p*=0.42（>0.05），且差异效应量 Cohen'*SD* = −0.20。在 Cohen（1988）的标准中，这个值属于小效应。听力后测中，两组 *p*=0.90（>0.05），后测成绩无显著性差异，*d*=0.43，属于较小效应量。在前、后测试中，两组之间的均值差由 −0.70 提升至 1.64，表明形成性自我评估的融入对学生听力成绩的提升有正向作用，但没有显著性影响。可能从未有过移动学习经历的学生需要一段适应期，而且听力能力的提升本身也需要相对较长的周期。后测时两组标准差均高于前测，表明移动学习会使听力成绩个体间的离散程度增大，而形成性评估的融入会相对减少新的学习体验所带来的差异。

表 2-11　听力前、后测成绩数值统计表

	实验组（*N*=33）	对照组（*N*=33）	*MD*	*t*（*df*=64）	Sig.（双侧）
前测平均分（*Mean*）/标准差（*SD*）	11.12/3.49	11.82/3.53	−0.70	−0.81	0.42
后测平均分（*Mean*）/标准差（*SD*）	15.06/3.65	13.42/4.05	1.64	1.72	0.90

（2）移动听力自主学习能力问卷结果与分析

移动听力自主学习能力问卷共 20 道选择题，其中第 4、12、18 和 19 题为否定表述。

1）确定学习目标

经独立样本 *t* 检验（见表 2-12），实验组平均得分高于对照组。第 1、2 和 3 题，两组数据差异性非常显著（$p \leqslant 0.01$），*d* 值分别属于中等和较大效应量。第 4 题 *p*=0.02（≤ 0.05），两组仍有显著差异。第 1 题两组平均分最高（4.12 和 3.76），说明听力学习短期目标的确定是学习者普遍认同的首选。分析原因可能是实验组形成性自我评估周期以天为单位，同时形成性自我评估是即时发生的，在QQ组内上传评价图案和数字激发了学习者对听力重要性的自我认同感，小组内同伴和教师的隐性评判与关注也引发了学习者外在的学习动机，进而引起学习目标维度上的差异。

表 2-12　实验组和对照组学习目标确定能力比较数据表

题目	组别	*Mean/SD*	*MD*	*t*	*df*	Sig.（双侧）	*d*
1. 每天我会给自己设定移动听力的学习目标	A	4.12/0.42	0.36	2.54	51.66	0.01	0.62
	B	3.76/0.71					
2. 我会根据学习情况调整第二天的听力学习目标	A	4.09/0.68	0.94	4.77	64	0.00	1.17
	B	3.15/0.91					
3. 我会制定有一定挑战的移动听力学习目标	A	3.67/0.69	0.78	4.11	64	0.00	1.01
	B	2.88/0.86					
4. 我不清楚自己移动听力学习的长期目标	A	3.76/0.66	0.49	2.41	64	0.02	0.60
	B	3.27/0.94					

注：A 为实验组，B 为对照组，下同。

2）时间管理和环境建构

表 2-13 中，实验组每题平均分高于对照组。第 5 题和第 6 题 $p<0.01$，说明在移动学习环境建构上，实验组显著高于对照组，两题均差值为 0.52 和 0.70，d 值属于较大效应量。第 7 题 $p< 0.05$，说明在碎片时间的利用上，实验组显著高于对照组。第 8 题两组 $p=0.16$（>0.05），说明在大块时间的利用上，两组差异不显著。原因可能是学生学习生活时间相对固定，在大块时间的利用上自我评估对学习者影响有限。但是移动形成性自我评估支持学习随时随地进行，评价行为在移动网络均有记录，这会促使学习者主动利用可能的学习时间和自主选择适合的学习地点。

表 2-13　实验组和对照组时间管理和地点构建能力比较数据表

题目	组别	*Mean/SD*	*MD*	*t*（*df*=64）	Sig. 双侧	*d*
5. 在任何不嘈杂的地方我都可以进行移动听力学习	A	3.55/0.51	0.52	3.34	0.00	0.83
	B	3.03/0.73				
6. 我知道在哪些地方适合自己进行移动听力学习	A	3.78/0.70	0.70	3.87	0.00	0.94
	B	3.09/0.77				
7. 我利用短时间（如两三分钟）进行移动英语听力学习	A	3.61/0.61	0.42	2.49	0.02	0.60
	B	3.19/0.77				
8. 我会每天用一段时间（如半小时）来进行听力练习	A	3.91/0.63	0.21	1.42	0.16	0.34
	B	3.70/0.59				

3）即时寻求帮助

表 2-14 显示实验组平均得分高于对照组。第 10 题和第 12 题 $p<0.01$，表明在与其他人交流和互助方面，两组差异非常显著，且为较大效应量。第 9 题两组平均分最高（3.55 和 3.09），$p=0.01$，表明两组在即时查询信息方面差异非常显著，属较大效应量。本研究形成性自我评估鼓励组员在小组内进行分享和交流，使得发现和解决问题不再是一个人的活动。而组内同伴之间的互动也有助于学习者自主培养寻找解答的习惯。虽然教师也在小组内，但由于教师即时反馈信息精力有限，学习者在遇到问题时更多的是向同伴或网络求助。

表 2-14　实验组和对照组即时寻求帮助能力数据表

题目	组别	*Mean/SD*	*MD*	*t*（*df*=64）	Sig.（双侧）	*d*
9. 听力学习中遇到问题时，我会立刻通过移动网络寻求解决	A	3.55/0.67	0.45	2.85	0.01	0.71
	B	3.09/0.63				
10. 听力学习中遇到困惑时，我会立刻通过手机与他人交流并寻求解决	A	2.94/0.61	0.67	4.06	0.00	1.00
	B	2.27/0.72				

（续表）

题目	组别	*Mean/SD*	*MD*	*t*（*df*=64）	Sig.（双侧）	*d*
11. 听力学习中遇到困惑时，我会立刻与老师联系并寻求帮助	A	2.55/0.79	0.36	2.05	0.04	0.52
	B	2.18/0.64				
12. 我一直是一个人进行移动听力学习，很少用移动网络与他人互动交流	A	3.45/0.67	0.79	4.56	0.00	1.11
	B	2.67/0.74				

4）策略使用

表 2-15 中，实验组策略使用平均分均高于对照组。第 13 题和第 14 题 $p \leqslant 0.01$，说明在利用手机功能促进移动学习的能力和主动调整移动听力学习方法方面，两组有非常显著的差异。第 16 题 $p=0.04$（< 0.05），表明两组在“自下而上”的精听练习方面差异显著。第 15 题 $p>0.05$，表明两组差异不显著。因为自我评估的融入激发了学习者对学习策略的自我反思和调整，而同侪互助也有助于学习者利用移动工具来辅助听力学习。与泛听练习相比，短小精悍、自包含性强、“自下而上”的听写训练与形成性评估的即时性不谋而合，形成性自我评估更适合外语精听训练。

表 2-15　实验组和对照组策略使用能力数据表

题目	组别	*Mean/SD*	*MD*	*t*	*df*	Sig.双侧	*d*
13. 对移动听力中出现的问题我会调整听力学习方法	A	3.61/0.61	0.49	2.81	64	0.01	0.70
	B	3.12/0.78					
14. 我用手机功能巩固听力学习（如用手机做笔记、截屏或录音等）	A	3.45/0.79	1.12	6.49	64	0.00	1.60
	B	2.33/0.60					
15. 我会关注对听力材料核心内容的理解	A	4.03/0.47	0.27	1.93	57.47	0.06	0.47
	B	3.76/0.66					
16. 我会对听力资源中的句子进行听写训练	A	3.97/0.59	0.33	2.10	62.10	0.04	0.51
	B	3.64/0.70					

5）自我管理

自我管理是对移动学习过程和结果的自我控制和自我判断。实验组平均分皆高于对照组，$p \leqslant 0.01$（见表 2-16）。原因可能是在学习总目标确定后，形成性自我评估会督促学习者完成每日的学习计划，将自我评估图片或数字上传至小组，会使学习者注重自己的听力完成质量，加强了对自我行为的控制，减少了来自手机的外部干扰。

表 2-16　实验组和对照组自我意识能力比较数据表

题目	组别	*Mean/SD*	*MD*	*t*（*df*=64）	Sig. 双侧	*d*
17. 我可以按照计划和目标完成移动听力学习	A	3.97/0.77	0.52	2.61	0.01	0.65
	B	3.45/0.83				
18. 我并不在意自己移动听力学习完成的质量	A	4.06/0.70	0.88	4.47	0.00	1.11
	B	3.18/0.88				
19. 在移动学习中，我会被手机中出现的信息所干扰而中断听力	A	3.24/0.66	0.79	3.94	0.00	0.97
	B	2.45/0.94				
20. 我会与他人比较移动听力的学习效果	A	4.15/0.71	1.18	6.23	0.00	1.55
	B	2.97/0.81				

（3）访谈结果分析

为了解参与者对融入形成性自我评估的移动听力学习的看法和评价，实验周期结束后，笔者对实验组和对照组各 15 名学生进行分组面对面访谈，并对内容进行记录、比较、分类和分析。

当被问及在移动听力学习活动中主要收获有什么时，对照组学生的回答主要集中于：1）认为移动听力学习是“有趣的体验”；2）认同移动学习可以成为听力学习的有效途径。实验组的回答除以上两条外，还包括：1）移动学习中的交流和互动能够带来成就感；2）移动听力学习的责任感和自控力增强，如“每天听力和自评已成为课下生活的一部分，我对学习的自控力比过去强多了”（A 同学）；3）对移动听力学习个性化的适应和改进，如“为了完成目标，我把大块时间打碎，时间的利用比过去高效”（B 同学）。

当被问及在移动听力学习中遇到的困难时，对照组学生的回答主要集中于：1）惰性和时间计划问题；2）来自外在的干扰，如“拿起手机总会不自觉地看与学习无关的内容”（C 同学）；3）对听力材料内容不感兴趣。实验组学生的回答主要集中于：1）来自自我评估小组的困扰，如“会受到群里其他学生表现的影响，如果大家都很积极，自己也会很用心”（D 同学）；2）移动学习活动起步难；3）缺乏自我评估的动机和支持。

当被问及是否愿意继续此类学习活动时，大部分学生表示愿意继续。在回答对活动有什么建议时，对照组的建议为希望老师提供更多有意思的听力素材和更多大家交流共同解决问题的机会，使学生们可以保持听力学习的积极性。实验组希望老师可以规范组内的互动活动，并提供更多的任务以及评价标准。

5. 研究发现与结论

形成性自我评估模式的融入尽管对学习者的听力成绩没有显著性影响，但两者具有正相关性。部分学习者需要有一段适应自我评估的瓶颈期的过渡，听力基础好、自我约束力强的学习者会更容易适应新的评估体系。

形成性自我评估模式的融入使学习者在一些移动听力自主学习能力方面有非常显著的提升，包括学习短期目标的确立和调整、学习地点的建构、碎片时间的管理、与他人交流或求助网络即时解决问题、利用移动工具调整听力策略、促进精听训练、学习中自我管理等。

形成性自我评估模式的引入使学习者对移动学习的认知正在逐渐发生改变。在学习交流中，学习者认为自己可以创造供他人借鉴的知识，根据评价的标准进行自我调整，有去教师中心化的倾向，学习者之间可以互为学习资源。

对于没有加入自我评估体系的移动学习，学习者往往会更容易受到来自移动网络其他信息的影响，不会专注于教师要求的听力任务。虽然他们能够对移动网络学习产生兴趣，但也体会到移动学习带来的迷茫和无助。

两组学习者都会受到来自外部的影响。实验组的外部干扰主要来自移动网络，而对照组的外部干扰则是来自其他学习者的表现。可见，面对来自移动网络的负面影响和多重选择性，移动学习需要建立参与感和归属感，而移动学习中自我评估体系的介入并不拒绝移动学习交流和互动的属性。自我评估体系在小组内的建立恰好为学习者提供了自我对话的契机，保证了与他人交流的基础，属于无威胁性的交流和评价。因此，形成性自我评估体系的确立在一定程度上解决了移动听力学习中存在的问题。

2.4 教师视角下的教学整合阶段

经过 21 世纪最初十余年的英语混合式教学的实践与研究，学界对于大学英语混合式教学的理解逐渐清晰。学者与教师们对于混合式教学作为一种新的教学方式早已认可，并开始更多地关注在现有的教学条件下对线上资源的开发和设计。每年高校外语教学微课大赛在全国各地举行，众多外语一线教师以赛促学、以赛促教，学习并提升设计和制作在线外语微课，进而以点连线，在点滴积累中构建精品外语慕课教学体系。为了保证大学英语课程翻转课堂的质量，2017 年笔者开始学习制作教学微课，同年代表学校参加第三届中国外语微课大赛，获得河北省本科英语组二等奖。

2013 年被称为中国慕课的元年，清华大学、北京大学、复旦大学等国内一流院校纷纷加入慕课的行列，开启了中国慕课的新纪元。中国大学 MOOC（Massive Open Online Caurse）、学堂在线、华文慕课、智慧树网等中国慕课教育平台应运而生，为众多学习者提供了丰富的学习资源。一批国家级精品在线课程如雨后春笋。当在线外语课程所提供的内容和教学设计不断完善的同时，混合式外语教学的类型也进入了整合阶段。国内混合式教学的课程类型一般分为三种：基于 MOOC 的混合式教学、SPOC 混合式教学［包括独立 SPOC（Small Private Onling Course）、同步 SPOC、异步

SPOC］以及基于智慧教学工具的混合式教学。MOOC 是基于教学微课建立的系统的大规模开放的在线课程。SPOC 是小规模限制性在线课程，分为同步 SPOC 和异步 SPOC 两种。教师应用 MOOC 课程对于自己所教授班级进行教学进程和步骤的适应性调整。独立 SPOC 是指线上教学资源由教师制作并在小范围内进行课程教授。智慧教学工具的使用正是混合式教学从第一阶段向第二阶段过渡过程中的必然。因为不同地区、不同学科信息化教学的起步和发展都不均衡，而智慧化教学工具的使用既是教师进行混合式教学的必要手段，也是教学信息化发展的物质基础。目前，国内大规模使用的智慧化教学工具包括“云班课”“雨课堂”“学习通”“慕课堂”“钉钉”等。

每一位外语教师都可以结合本校、本课程的教学目标和实际情况，将平台中现有的精品在线课程与面授教学进行整合，线上教学与线下面授的内容在时空维度中被区分。翻转课堂作为这一时期混合式教学的重要类型得到了广泛的重视。此外，之前并没有对混合式教学中线上和面授的时间比例进行明晰的分配，进入教学整合阶段后，很多学者明确提出应该在时空维度上确定在线学习与面授的时间比例。斯隆联盟首先明确只有“30% ～ 79% 的教学内容采用在线教学”才可以被称为混合式教学。而 Means（2013）等学者则认为，混合式教学应“纳入考核部分的教学内容中，25% 以上需采用在线教学”。

外语教师开始从教学的视角关注符合线上学习特点的交互与协作，关注混合式学习环境给外语交互带来的新变化，更多地从教学方法、教学策略的角度设计混合式外语教学。作为一种独立的教学方式，混合式教学开始逐渐成为外语教学的常态。在实践中，教师发现对于学习者而言，混合式外语教学线上的学习环境和传统的面授课堂教学环境同样重要。在线上外语学习环境中，学生与资源互动（教师提供的资源与互联网外部资源）、学生与学生的交互（发生在实体课堂或线上学习）、教师与学生的交互（发生在实体课堂或线上互动）都蕴含着与传统教学不同的学习特质，如即时性、连接性、开放性等，这些都为研究外语教学提供了多维的开发和探索空间。

2.5 移动英语教学初期合作学习模式的构建

笔者对于移动外语合作学习的教学实践开始于 2014 年，那一年中国手机网民已达到 5.57 亿，手机和互联网已基本在大学生中普及，移动通信工具手机在各领域中正孕育着无限的发展潜能。那么，手机能带给 21 世纪大学英语教学什么样的可能性呢？带着探索性的疑问，笔者对燕山大学在校大一和大二的学生进行问卷调查，信息反馈学生使用手机进行与英语学习相关的主要行为只是查电子词典，对英语学习的各种 App 普遍感到迷茫，同时也表现出对于能够在课下用手机与教师交流、和同伴互动的渴望。基于学生对于信息化英语学习的需求，笔者提出用微移动学习方式建构大学英语教学合作互动新模式，并获批河北省社会科学发展研究课题。此研究旨在探讨将移动学习与合作策略相结合，构建用合作移动互动学习模式进行非正式英语词汇教学的新模式，并在随后的教学实证研究中验证了此模式的有效性，同时也分析了学生对此教学模式的态度、认可度以及自主和合作学习能力的改变。

1. 移动合作词汇教学互动模式的现实意义和理论基础

大学阶段是英语学习的高级阶段，2007 年教育部修订的《大学英语课程教学要求》规定，大学英语的词汇量为 7675 个。学生不仅要掌握这些单词的概念意义，还须理解其关联意义。而在高校英语教学实践中，由于课时的缩减和限制，大多数教师没有对单词进行更多的有效讲解。学生对单词学习缺乏兴趣和有效方法，普遍存在词汇学习费时低效的问题。

从 21 世纪初开始，关于移动学习的文献主要是在宏观上分析移动工具与移动技术给予教育的机会和挑战，同时越来越多的外语教学工作者也开始关注移动设施和技术给外语教学带来的可能性与可行性。

当时我国已有研究者构想用群发短信的形式发送新单词的词形、读音、释义、例句或小段文字、新单词的练习和习题。学生在任何地方、任何时间都可以接收到新信息，并根据要求按时完成练习。虽然各地区移动设备网络情况不同，教师采用的传输方式也不同，但大多数微移动学习在词汇教学中的应用研究仅限于将传统的学习内容转移到移动设备上来，只限于单向的传输，移动学习具有的合作互动的优势在教学活动设计上未能得到发挥。

近几年，移动辅助外语词汇学习引发了研究人员对词汇教学的全新探索。移动学习从以内容为中心的研究转化为以设计为中心的研究，即一种真实的、社会化的移动学习活动研究。Wong 和 Looi（2010）在教学实验中创建了一种与课堂学习紧密联系的、双向的、以学生为中心的合作式词汇学习模式。学生在课堂上学习一些成语和介词的使用方法，然后利用分配到的具备网络连接和摄像功能的智能手机在生活中寻找能够使用这些新学词语的场景，并用手机拍照保存，之后再将这些照片以微内容的方式上传到网络，供同学之间讨论学习。这次实验是对合作式移动词汇学习的全新尝试，极大地扩展了移动学习的广度和深度，但因为研究的被试者是小学生，所以研究者在设计移动活动时考虑的是单一任务式互动，对学生上传和讨论的形式、内容都有限制，并未达到真正意义上的个性化和自主学习。

因为大学生在参与活动中体现的自我效能感、自我学习的管理、自我成就的价值要复杂得多，所以针对大学生的合作式移动词汇学习设计也会更复杂、更个性化，而这对他们走出校园后的终身学习极为重要。另外，对大学生固有的移动设备设计将有助于学习效能的最大化，也使研究成果更具普及性。

移动学习体现了学习的移动性，即学习者是移动的，学习是即时的。微型学习体现的是学习内容和活动的短小精悍，可以使学习者在任何时间、任何地点进行学习。微内容和微活动弥补了移动学习中移动终端技术上的限制（如屏幕、键盘、移动网络等），减轻认知负荷，使学习活动融入每一个学习者的日常生活，提高学习者的记忆效率。移动学习也为微型学习提供了最理想的载体——便携式移动设备。两者的结合相得益彰，产生了一种新型的学习模式——微移动学习。

在 O’Malley 和 Chamot（1990）的学习策略分类中，合作策略（Collaborative Strategy）是社交策略中的一个重要策略，是指与他人合作，共同解决问题、交换信息、检查任务的完成情况，或就口头或书面的表达征求反馈意见。在合作学习过程中，学习者与学习者、学习者与教师之间进行交流互动，创建真实的语言学习环境，共同完成既定的任务，使大家在互动中提高语言的认知和运用能力。建构主义认为，知识是学习者在一定的情境，即社会文化背景下，借助其他人（包括教师和学习伙伴）的帮助，利用必要的学习资料，在彼此间的协商、交流、合作中，通过意义建构的方式获得。Kagan（1989）认为，合作学习是教师可使用的最有效的教学策略之一，其最大的特征是学生通过小组合作学习中的交际活动来完成学习任务，被誉为“近十年来最需要和最成功的教学改革”。

在教育信息化初期，把合作学习与微移动学习相结合运用于大学英语词汇教学中的研究目前还较少见。微移动学习除了可以提供时间和空间上的便利外，本身也蕴含合作学习发生的潜质，如即时性的对话、反馈与瞬间的分享。如果把合作策略与微移动学习相结合，会使外语教学更加灵活方便，更具个性化和交流性。

2. 移动合作词汇教学互动模式构想

分析微移动词汇教学之前的研究，吸取以往的研究成果，结合我国大学生自身的特点和大学英语词汇学习的情况，笔者构想一种符合大学生合作式词汇微移动学习的新型模式。首先根据前期调查问卷的信息将学生组成手机 QQ 群词汇学习小组，每组 7 人（包括教师），共 5 组。具体教学活动设计构想如图 2-4 所示。第一步，教师选择词汇，利用手机的接收功能展示词汇意义。利用飞信预约发送的功能，每天在特定的几个时间：9：50、13：45、16：00 和 21：00（大课间、午休或晚休）发送信息（含有新单词的一句话，附有读音和释义）。学生如果此时手机上网则以飞信的形式接收信息；如手机不上网，内容以短信的形式接收。第二步，学生在接收后以短信或飞信的形式即时回复（接收信息的时间均为课下时间），内容为新单词的拼写。此方法弥补了之前研究的不足，强化了单词学习的任务性，同时有助于师生间的互动。第三步，学生对新单词进行分析整理，这属于自主学习阶段。学生可以选择随时随地多次翻阅短信，加强对单词的记忆，同时也可以上网查阅相关信息，加深对单词的理解。第四步，学生可以选择在一天中的任意时间根据自己的学习生活经验设计并构想与单词有关的情境，并同时将与新单词有关的句子发到群里，也可通过多媒体的形式（图片、音频、视频等）上传自己对单词的理解。小组的其他成员（包括教师）可以在一天中的任何时间登录，发表或回复信息，提问或解答，进行微型的学习互动。第五步，在每天晚上固定时间，每位小组成员（包括教师）需选出当天在群里表现最好的成员，为其点赞，得赞数最多者为每日的词汇之星，并给予奖励。评价之前对当天信息的回顾是对新单词认知的加强，起到固化词汇学习的作用。

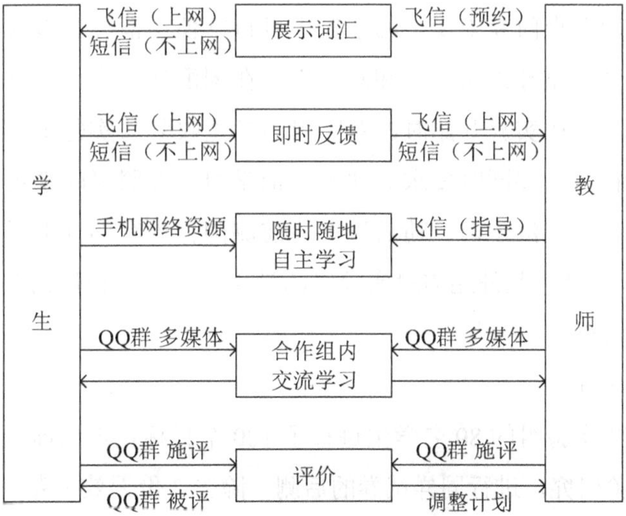

图 2-4　合作式微移动外语词汇学习模式构想

3. 研究方法

本研究的调查对象为笔者教授的燕山大学理学院、材料学院和电气工程学院的非英语专业三个班的学生，共 80 名，其中实验组为 30 人，对照组为 50 人。研究选用的目标词汇为 100 个课堂上未讲解过的大学英语六级词汇。

笔者尝试将合作式微移动学习模式的构想用于实证研究，通过为期 4 周的实验，对此模式的学习效果和接受度进行定量分析，以期客观地反映微移动合作学习在大学英语词汇学习中的优势，提供词汇教学的新思路和新方法。

本研究主要探讨与传统课下纸质个体学习相比，利用移动工具的合作互动式学习模式在词汇学习效果上是否具有显著差异；学生对课下进行微移动合作词汇学习的态度，对此模式词汇学习有效性的认可及对学生自主和合作学习能力的影响。

研究工具：一是学生手机的使用情况和参与意愿的前期调查问卷，二是通过词汇测试比较前、后测成绩的变化和差异，三是关于学生对微移动合作词汇学习模式接受度的调查问卷。

根据前期调查问卷中反映的学生手机日常使用情况和参与移动学习的意愿，把调查对象分为实验组和对照组。在词汇前测中，所有参与者的成绩被记录保存。在实验开始时，对照组的学生收到与实验组学习内容一样的传统纸质材料，并同时要求其课下背诵学习。对照组的学生则通过手机进行微移动合作词汇学习。随后进行与前测同样内容的词汇后测，时间同样限定在 50 分钟。此外还需对实验组的学生进行移动合作词汇学习模式接受度的问卷调查。

4. 结果分析

对照组和实验组的 80 名学生进行了 100 个目标词汇的前测，之后经过了 4 周的实验研究，进行同样试卷的后测。除去 2 份无效试卷（未按要求参与移动互动学习）后，得到 28 份有效试卷。笔者利用 SPSS 数据分析系统和 Excel 进行数据处理分析，以下为两个组前、后测的成绩统计对比情况。

表 2-17 中，前测和后测两项值为两次测试的平均分，*Gain* 为后测与前测平均分的差值，*g*（%）为所学会词汇的百分比，即 *g*=*Gain*/（100- 前测平均分）。由表中数值可知，与传统纸质材料个人学习相比，实验组的学生在进行移动合作互动学习之后，词汇成绩显著提升，在学习效果检测中差异明显。对前、后测 Gain 值进行 t 检验，t=26.25，df=76，p<0.01，同时对前、后测 g 值进行 t 检验，t=29.77，df=76，p<0.01 。数据表明，两样本均数的差别有极显著性意义。图 2-5 显示的为两次测试的平均分与标准差的比较，显然实验组的学生在后测中的表现明显优于对照组。

表 2-17　前、后测成绩统计

	对照组 *N*=50	实验组 *N*=28
前测 *Mean*	12.3（*SD*=2.34）	12.1（*SD*=2.40）
后测 *Mean*	49.4（*SD*=4.09）	78.3（*SD*=3.72）
Gain	37.1（*SD*=4.76）	66.2（*SD*=4.58）
g（%）	42.3（*SD*=0.049）	75.8（*SD*=0.043）

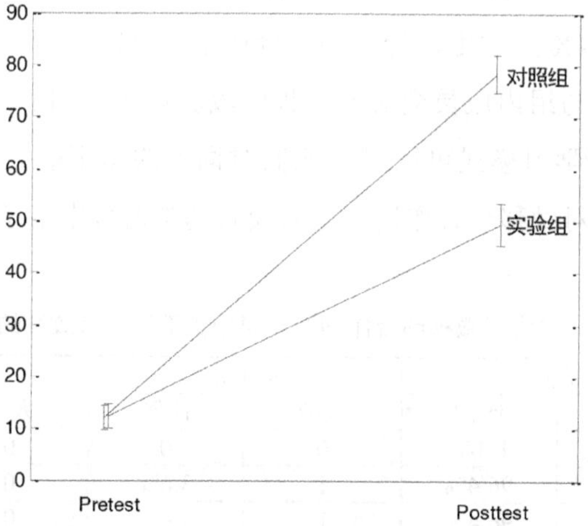

图 2-5　前、后测成绩统计

实验组的30名学生填写后期的问卷调查表，共得到有效问卷28份。问卷设计为封闭式分级题，选项分为“赞同”“不确定”和“不赞同”。现将三类具有代表性的问题及结果列出，见表2-18、表2-19、表2-20。

表2-18的数据表明，92.9%的学生认为微移动合作学习模式提高了他们的英语词汇学习兴趣，85.7%的学生认为微移动合作学习的氛围很放松，92.9%的学生认为微移动合作学习使他们学习变得积极主动，85.7%的学生还表示微移动合作学习提升了学习词汇的信心，89.3%的学生在微移动合作学习中感到快乐和满足。以上数据充分表明，微移动合作词汇学习激发了学生的学习兴趣，学习态度变得积极主动。

表2-18　微移动合作词汇学习模式对学生学习态度的影响

题号	赞同		不确定		不赞同	
	人数	比例	人数	比例	人数	比例
1	26	92.9%	2	7.1%	0	0
2	24	85.7%	3	10.7%	1	3.6%
3	26	92.9%	2	7.1%	0	0
4	24	85.7%	2	7.1%	2	7.1%
5	25	89.3%	2	7.1%	1	3.6%

表2-19显示，所有的实验组学生都认为微移动合作学习有助于提高单词记忆效果；96.4%的学生认为微移动合作学习有助于增加单词量，同时也认为他们可以在与组内成员交流的过程中收获更多的词汇知识；89.3%的学生认为移动合作学习模式可以提高他们对词汇的运用能力。总之，绝大多数的实验组学生对微移动合作词汇学习模式的学习效率给予了高度认可。

表2-19　学生对微移动合作词汇学习模式下学习有效性的认可度

题号	赞同		不确定		不赞同	
	人数	比例	人数	比例	人数	比例
6	28	100%	0	0	0	0
7	27	96.4%	1	3.6%	0	0
8	27	96.4%	1	3.6%	0	0
9	25	89.3%	2	7.1%	1	3.6%

根据表 2-20 的数据可以看出，92.9% 的学生认为微移动合作互动学习模式可以增强自主学习中的自控力，96.4% 的学生表明在微移动合作学习中自己被赋予了更多的责任，89.3% 的学生相信当词汇学习遇到问题时可以通过移动互动交流得到解决。可见，微移动合作学习对学生的自主和合作学习能力具有积极的影响。

表 2-20　微移动合作词汇学习模式对学生自主和合作学习能力的影响

题号	赞同		不确定		不赞同	
	人数	比例	人数	比例	人数	比例
10	26	92.9%	2	7.1%	0	0
11	27	96.4%	0	0	1	3.6%
12	25	89.3%	2	7.1%	1	3.6%

以上三组数据充分证明了微移动合作互动词汇学习对学生的学习态度、学习效率和自主与合作学习能力的提升都产生了极好的效果和积极作用，同时也充分表明，绝大多数学生对此学习模式的认可和接受。

大学英语词汇教学改革势在必行，微移动合作学习不受时间、地点、内容的限制，符合现代信息技术下对大学英语教育的要求，是混合式教学初期大学英语词汇教学的一种全新的模式。在实证研究中论证了与传统纸质个体学习相比，微移动合作互动学习会使词汇学习效果显著提升，同时对学习态度、学习效果以及自主和合作学习能力均有积极的影响。

2.6 初期混合教学模式探索——翻转课堂

翻转课堂源于通达学习理论，认为只要时间充足且为学生提供了适当的教学条件、足够的帮助和学习实践，大多数学生就能达到课程学习目标和取得良好的成绩（Bergman、Sam，2014）。翻转课堂的出现打破了在有限的常规课堂内教师滔滔不绝的“散弹式”教学模式，把传统课堂中教师主讲的知识点和内容置于课下，由学生自主完成，保证了学生拥有足够和灵活的课下学习时间，将课堂的注意力从教师转移到学生和学习上来。同时，外语语言能力的训练、新知识的探索、批判性和创造性思维以及小组协作等技能的培养则主要在课堂内完成。翻转的精髓是灵活，没有唯一的翻转模式，更没有一成不变可供复制的教学方法。

翻转课堂作为混合式教学的一种方式，是对于传统教学方式的颠覆，技术工具已不仅仅是某种教学的辅助工具，基于智慧化教学工具展开的教学模式开始完善，甚至可能超越传统的外语教学模式。2017 年，笔者的教学案例“基于移动‘云班课’的混合教学模式探索与实践”获燕山大学教育改革创新案例教师个人（课程）类二等奖。本节为混合教学模式探索的翻转课堂教学的获奖案例。

1. 翻转课堂的实施模式

本教学改革将智能手机引入教学，基于移动信息化教学平台——“蓝墨云班课”，开展大学英语混合式教学的创新和实践，顺应新时代的学生所需与学科发展新目标所求。本教改设计构建为一平台、三阶段、三点一融合。如图 2-6 所示，以“蓝墨云班课”为混合式教学平台，将课前、课中和课后

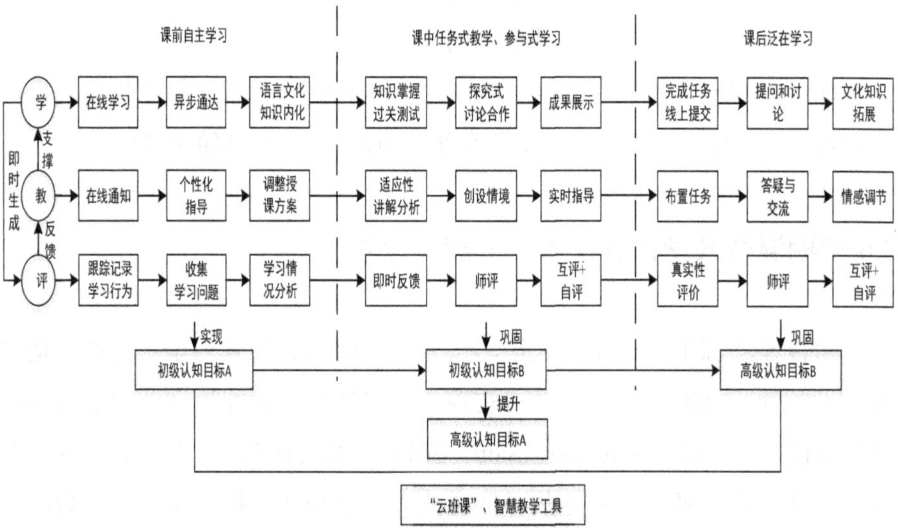

图 2-6　大学英语翻转课堂的教学实施模式

三个阶段中的教、学、评三点进行线上与线下的有机融合。此改革打破了传统教育的信息化边界，拓展了学习时间和空间，增强了学生自主学习与合作探索的能力，学生对此教学革新反馈积极，多维度的过程性考核也使教学评价更为科学而高效。

2. 创新缘由

移动互联网的发展打破了学习在时间和空间上的限制，学习者的学习模式和习惯也已发生了改变。面对“数字原住民”与以往不同的学习需求，积极适应新时代和新学生的变化，在学习资源不再稀缺的今天激发学生的内在动力和热情，让学习行为变得高效而有意义，此为创新缘由之一。

在以学生素养培养为核心、以能力提升为目标的教学理念下，大学英语的新课程目标是在提升学生语言交流能力的同时，注重学生人文素质和跨文化交际能力、团队合作、自主学习和终身学习能力的培养。利用现代“云班课”技术，结合教学内容和教学方法，将多元的信息和观点带进课堂，也将学习带到课堂之外，拉近学习与生活、理论与实践的距离，此为创新缘由之二。

3. 实施过程

混合式教学是混合不同的学习环境，特别是传统面对面的教学环境和基于数字技术的教学环境的混合，是一种多元化的探索。本教改以“云班课”为课程混合式教学平台，在大学英语课前、课中和课后三个阶段围绕教、学、评三个核心点进行线上与线下的有机融合。

在课前，教师通过“云班课”平台发送通知，告知课前要求以及需要在课前学习的内容和资料，培养学生主动和自主学习的能力，促进对语言知识的内化。学生可以根据个人的实际情况完成异步学习。教师在“云班课”中在线查看学生的学习情况，进行分析评价与个性化指导。

在课上，教师对课前布置的任务进行过关测试，学生在线答题，对测试得分、排名以及每题的正确率等情况进行自动分析并即时反馈，教师据此进行反馈适应性教学（Just-in-Time Teaching）。通过在课堂上建构情境，布置小组任务，在“云班课”上进行具有社会性和参与性的语言应用能力的训练（包括现实面对面的交流互动以及移动环境下的学习互动），鼓励进行成果展示，实施任务式教学、参与式学习，开展师评、互评以及自评的多元性评价。学生可以通过“云班课”参与问答等活动，教师根据学生表现即时给予相应的经验值奖励，提升学生参与的积极性。

在课下，学生以小组为单位协同完成作业并线上提交（以文本、音频及视频等形式），实现真实性评价，同时学生可以在答疑讨论区随时随地进行线上师生、生生互动问答与交流，进行泛在学习，巩固语言知识。

以“学”为本，教师的“教”支撑学生的“学”。在课前、课中、课后三个环节中，“学”生成过程性评价，通过即时反馈，教师及时进行教学反思，以便更好地促进学生的“学”。移动“云班课”的应用打破了传统教育信息化的边界，在形式多样的互动环节中满足了学生在线上和线下自主与合作实施学习的需要。

4. 实施效果

（1）拉近了学习与生活的距离，拓展了学习时间和空间

外界的信息、多元的观点和形式多样的活动进入课堂，教室不再是封闭的，学习同时也在课堂外。根据“云班课”的记录，学生的学习时间从早上 6∶00 延续到晚上 24∶00。晚上 19∶00—22∶00 是学生学习、交流和讨论的高峰时间。

（2）学生自主学习与合作探索能力增强

根据教师布置的任务，学生进行自主学习，完成线上的分组、分工、查询资料以及线下的小组合作和协调展示。从课堂上小组主题报告展示效果来看，学生课下准备充分，分工明确，体现了很强的团队合作和竞争意识。在课下开展的“小说 *The Old Man and the Sea* 集体阅读”的活动中，学生在“答疑和讨论”活动区内提出问题，共同讨论，线上协作，协商解决阅读中遇到的问题，同侪互动，共同进步。

（3）学生对新的教学模式反馈积极

在教学效果满意度问卷调查中，有172名学生参与调查，其中88.9%的学生认为与传统英语教学相比，更赞同教师使用新的教学模式，91.2%的学生认为新的教学模式促使在课堂外对学习投入更多时间和精力。在与学生面对面访谈中，受访者谈到“云班课”中的举手、抢答、头脑风暴、随机匹配活动等环节增强了趣味性，提高了大家参与课堂活动的积极性。经验值的排名也促使学生进行自我反思和调整，个人学习行为数据反馈有助于学生构建自适应式学习系统，提升自我评估能力。

（4）多维度过程性考核使教学评价更科学、高效

学生的整个学习活动过程都有数据记载。通过对“云班课”导出的经验值数据进行加权计算，最后得出平时成绩。对学生学习行为数据的客观采集、分析和报告有助于教师及时进行教学反思，调整教学内容和方法，实施个性化的教学和辅导。

2.7 小结

对于大学英语混合式教学的初步探索始于在线网络技术驱动下的线上语言教学研究。随着移动社交媒体技术的更新和线上智慧化教学工具的完善，线上移动学习不受场地和时间限制的优势日趋明显，技术的发展使外语课程的组织方式变得灵活，线上教学与传统线下教学结合的混合式教学适应了新时代技术的发展，并且满足了大学英语教师对于教学创新的要求。

混合式外语教学的演变分为三个阶段：在线技术应用阶段、教学整合阶段、多元融合阶段。本章阐释了前两个阶段，其中在线技术应用阶段主要从技术的视角关注信息技术和智慧化教学工具的功能在外语教学中的应用，在线移动学习的兴起为外语教学拓展了时间和空间。教学整合阶段主要是从教师视角重点关注外语翻转课堂以及线上师生和生生之

间的交互行为。每一阶段，笔者都以开展的相应的外语教学研究作为实证参考。概括而言，前两个阶段的外语混合式教学主要用行为主义和认知主义的理论来解释，这两种理论适合解释共性的标准化知识的习得。随着“互联网 +”与移动技术的普及和发展，混合式教学中各种交互行为和学习数据记录隐藏着巨大的潜能，可以从学习者视角探索第三个阶段——多元化融合阶段。

第3章 大学英语混合式教学笃行不怠——多元融合篇

对于外语一线教师而言，混合式教学的初期探索是从实践到理论、“自下而上”的反思性教学过程。初期探索主要关注拓展传统教学的在线学习时空，从外语传统教学活动的具体需求出发，在智慧化教学平台和移动工具中寻求其对等的功能项，将部分授课内容、任务和作业等通过移动在线工具完成，进而拓展传统的外语教学空间，提升外语教学效率。

随着混合式教学实践的深入，笔者发现混合式教学中教师的作用不应该仅是教学的“技术性搬运工”，进入混合式外语教学第三个阶段——多元融合阶段，教师的角色转变为情境创设者、数据解读者和学习促进者。以大学英语拓展课程“英美文化概况”为例，本章介绍混合式教学模式从1.0到2.0版本的升级，教师对于线上线下四种功能学习场景的融合。基于MOOC和SPOC的混合式外语教学提供了越来越丰富的后台数据，对于学习行为、情感和认知数据的挖掘、分析和整理可以帮助教师发现更多隐藏的教学规律，有助于更好地完善教师的“教”和促进学生的“学”，在笃行不怠的教学行动反思中不断创新外语混合式教学。

3.1 学习者视角下的多元融合阶段

2019年，在国家的大力倡导下，信息化应用发展迅猛，互联网开始在各个行业进行广泛和实质性的渗透。大数据时代，网络教学管理系统、在线外语学习资源、外语学习者的学习行为轨迹以及学习者群体的在线学习记录都蕴含着海量细粒度的外语教学数据。这些数据信息可能比教师更“懂得”学生，比教师更“了解”教学。通过收集、测量和分析，提取出隐含的、有潜在价值的英语学习者的行为信息和情感状态，从而更准确、更科学地理解大学英语习得的规律以及更多维度地拓展对于英语混合式教学的测评至关重要。

传统教学中，对于学生反馈信息的收集多是基于学生的问卷、课堂观察、学业考试成绩以及师生访谈等形式，数据多过于主观，教师与学生的个人情感在一定程度上会影响对于教学情境的真实反馈。当学习行为隐藏的数据被挖掘出来之后，重新认识在线教学行为以及学习情感的新路径也随之开启。

我国的外语教师绝大多数是文科学习背景，普遍对数据分析技术的方法与工具感到陌生，对相关数据的挖掘和处理过程更是茫然。外语教师需要与信息处理以及心理学等其他专业的教师或研究者进行跨学科合作，开展交叉学科教学研究。2019年，笔者主持了“大数据时代基于学习分析的大学英语教学形成性评价的研究与实践”课题（河北省教育厅本科院校英语教改研究与实践项目），组建了跨学科研究团队，推动学习分析在混合式外语教学形成性评估研究中的实践和深化。

当混合式外语教学进入第三阶段，重心终于转向学习者的视角，此时混合式外语教学已经不再是语言学习与技术工具的简单结合，也不再是线上与线下经验性的整合，而是将信息技术有机地融入外语学习活动和课程生态中。将在线移动学习工具、互联网学习环境以及课堂面授与讨论的教学情境相融合，从学生的视角进行混合式外语教学的再设计，更科学地分析混合式教学带给学生的体验、感受和变化，关注对于学习者学习过程的支持，为学习者创设一种真正高度参与的、个性化的外语学习体验。与混合式教学第一、二阶段相比，第三阶段学习者视角下的多元融合更适合用建构主义理论和联通主义理论进行解释。

教师在混合式教学中的角色不再只是“技术搬运工”，而是转变成情境创设者、数据解读者和学习促进者。混合式教学已经不只是对于传统课堂教学的补充，而是一种独立的教学模式，其创造性、开放性和包容性使其取得的成果可以媲美甚至超越传统课堂教学，可是说这是对于传统教学的颠覆性创新（冯晓英、王瑞雪、吴怡君，2018）。

在第三阶段学习者视角下的多元融合混合式教学中，“多元”是指三个教学元素的融合。

第一，混合式教学方法与其他教学方法的融合。外语混合式教学灵活运用和整合多种教学方法，突出学生的主体地位，调动学生参与语言学习的积极性，如混合式教学与项目式学习、合作式学习、对分课堂等其他教学方式的创新组合。本章 3.3 部分将对“英美文化概况”课程的混合式对分课堂教学进行介绍。

第二，课程思政与混合式教学的融合。课程思政融入混合式教学，拓展了学习的时间和空间，如盐入水，将思政沁润于线上线下学习和生活的点滴，凸显教师的教育情怀和创新理念，真正将课程思政建设作为外语教育教学的思维方式，达到课程思政内容与教学设计的双重创新。本书第 4 章将介绍课程思政与“英美文化概况”课程混合式教学的融合实践。

第三，形成性评估与混合式教学的融合。线上线下的形成性评估与混合式教学相融合，强调评价的过程性以及主体的多样性，自我评估和同伴互评发展成为形成性评估促学的主要手段，显性评估和隐性评估在教学活动中并行。学习分析技术的发展增强了形成性评估过程的科学性，动态数据的收集、整理、提取和分析使形成性评估有据可依。不仅考查混合式教学的学习效果，而且将学生的学习感受和体验作为形成性评估的重要指标。

本书第 5 章将介绍学习分析与大学英语形成性评估。

多元融合混合式教学中的“融合”旨在打破线上线下时空分配的明显痕迹，利用线上和线下教学之“所长”构建符合外语课程的学习情境，将网络在线教学、移动教学、面对面教学三种教学模式融合在一起，使之相得益彰。在多元融合混合式教学中要充分利用信息技术对于混合式教学的赋能，突出对于线上线下所产生的学习数据的收集、整理和分析，以教学数据分析为支撑的外语教学将呈现出前所未有的教学风景。混合式外语教学第三阶段多元融合教学模式如图 3-1 所示。

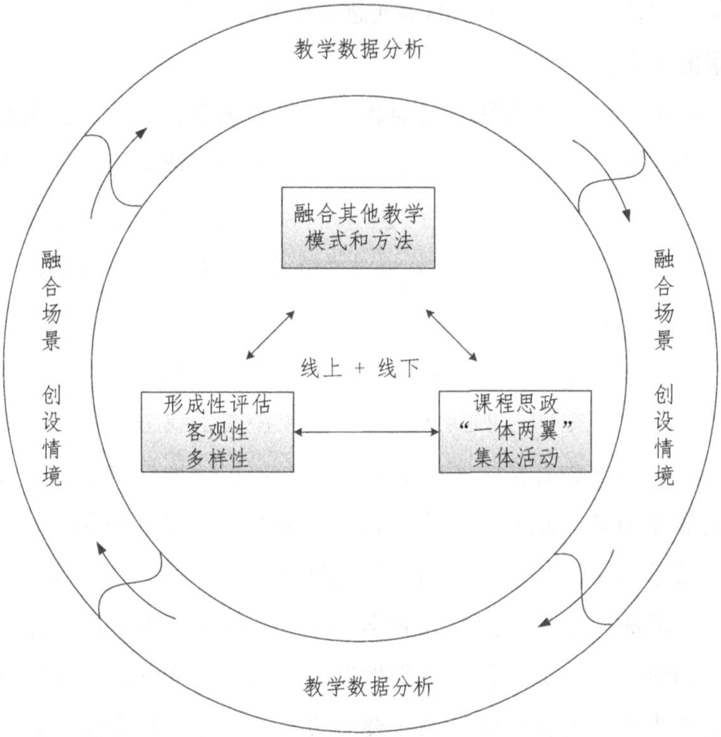

图 3-1　混合式外语多元融合教学模式

3.2 多元融合式教学的时代背景

教育部于2019年年底正式发布《教育部关于一流本科课程建设的实施意见》，对一流本科课程（又称“金课”）的建设内容和要求作出了明确的阐述。同年又发布了《“双万计划”国家级一流本科课程推荐认定办法》，要求线上线下混合式一流课程的教学组件应包括“基于慕课、专属在线课程或其他在线课程与线下面授有机结合”，“运用适当的数字化教学工具，开展翻转课堂、混合式教学”，以及“安排20%～50%的教学时间实施学生线上自主学习”。

一流本科课程需要达成“两性一度”（即高阶性、创新性和挑战度）的标准和要求。其中，“高阶性”是指在培养目标和内容上改变过去单一传授知识或培养普通能力的目标，将知识、能力、素质三位一体有机融合。知识是指具备创新性和挑战度的知识，能力和素质是指解决复杂问题所具备的能力和高级思维，并化为自身素养，如深度合作、批判质疑、信息分析素养和创新精神等。这些知识、能力和素养将通过教学内容与形式的创新和编排得以实现。

“创新性”可以从教学内容和模式两个方面体现。教学内容创新是指内容要体现时代性和前沿性，如将学术研究、科技发展前沿成果、课程思政理念等引入课程。教学模式的创新包括多种形式的互动、教学方法和信息技术的应用，开展以学生为中心的个性化教学、探究式教学、项目式教学和翻转式教学等。通过创新教学模式让传统课堂活起来、动起来，提升学生的学习效率和学习质量，培养创新思维和批判性思维。

“挑战度”是指学生需要经过刻苦努力才能收获知识和能力，并且要让学生体验到获得感和成就感。在教学内容上加大知识的深度和广度，提升学习难度；在教学设计层面增加研究性、创新性、综合性的内容以及学生自主学习的教学安排，让学生加大学习投入；在教学评价层面加强对学生课堂内外、线上线下学习的评价，推动非标准化、综合性和过程性评价等，从多环节、多维度考查学生的学习投入、学习成果和差异化能力，激发学生的学习动力和专业志趣。

一流本科课程的高阶性、创新性和挑战度是时代赋予大学英语混合式教学发展的要求。混合式外语教学的多元融合阶段在理论和实践中有力地保障和推进了大学英语与拓展课程“两性一度”标准和目标的达成。

3.3 “英美文化概况”课程混合式对分课堂教学实践

2020 年春季学期，教育部开始提倡利用平台和资源开展新冠肺炎疫情期间的线上教学，既符合特殊时期学生居家学习特点，又重视学生自主学习能力的培养，实施线上和线下课程的融合发展。根据大学英语教学的新需求，基于异步 SPOC 的“英美文化概况”课程在中国大学 MOOC（慕课）平台开课。随着课程平台、直播平台和智慧化教学工具反馈的教学数据越来越丰富，课程教学团队尝试进行学习行为数据的收集、分析和整理。交叉学科的课题组成员发挥学科所长，为课程提供技术支持和建议。在教学实践中开展行动研究，进行教学反思，提出混合式对分课堂的教学新模式，进一步调整和完善英语混合式教学。

3.3.1 “英美文化概况”课程介绍

在线上线下混合式一流课程建设的背景下，笔者负责讲授的“英美文化概况”课程被定为混合式教改建设课程。“英美文化概况”是一门以英语语言为依托、以社会文化知识为主的大学英语拓展课程，每年全校选课人数约 1700 人，课程基本情况如表 3-1 所示。课程旨在改变传统外语课程重视语言技能、忽视人文素养和思想深度的现状。参照“两性一度”的课程标准和要求，课程组对教学目标进行了重新设定，完善后的课程教学目标：1）帮助学生了解英美国家社会文化的基本知识，提升英语语言的表达能力，加深对英语语言和文化的理解；2）提升学生人文素养，培养跨文化交际意识与国际视野，在学习英美文化的同时认识和思考中国文化，培养学生的爱国情怀和社会责任感；3）培养学生信息搜索、批判性思维、解决问题、线上自主学习、自我管理和团队协作沟通的能力。

新的教学目标不仅把课程思政列为教学目标之一，同时除了英美文化的学科知识、能力和素养之外，线上自主学习、自我管理和团队协作沟通的能力也被纳入课程教学目标，教师期望通过混合式教学方式的优化来助力此课程教学目标的实现。

表 3-1 “英美文化概况”课程的基本情况

课程名称	英美文化概况	课程类别	公共选修课
授课班级	非英专业大二学生	总学时	32
线上教学时间比例	30%	线上成绩比例	25%
混合类型	基于国家级精品在线开放课程的 SPOC 线上线下混合式教学		
线上教学内容	中国大学 MOOC（慕课）“印象英美——穿越时空之旅”和教师自制的微课视频		

3.3.2 混合式教学 1.0 版本的反思

2020 年春季学期，课程组采用行动研究方式在“英美文化概况”课程中开展混合式教学实践和研究，通过教学观察发现教学问题，并尝试分析原因、反思教学。课程组初期遵循的混合式教学 1.0 版本模式可以概括为“一平台、一工具、两个阶段、三点一融合”，具体以中国大学 MOOC（慕课）为线上课程平台，以“学习通”为智慧化教学工具（2017 年笔者所在高校主推“学习通”为智慧化教学工具），在基于慕课课程的线上自主学习与基于任务式教学和参与式学习的线下课堂学习的两个阶段中，围绕教、学、评三个核心点，进行线上线下“英美文化概况”教学的有机结合。线上教学主要聚焦于布鲁姆认知分类的初级认知目标的达成，线下课堂活动主要关注课程高级认知目标的达成。“英美文化概况”课程混合式教学模式

1.0 版本如图 3-2 所示。

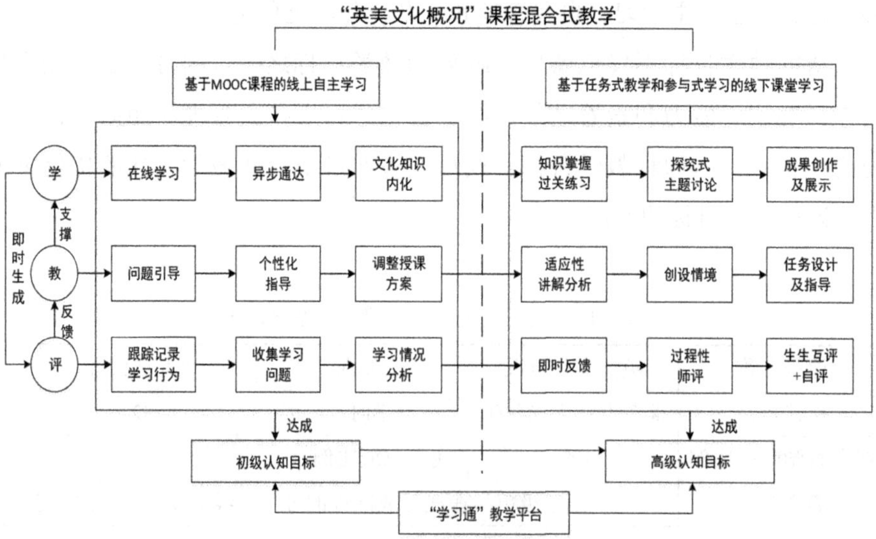

图 3-2 "英美文化概况"课程混合式教学模式 1.0 版本

经过最初几周的观察，学生自主学习的线上测试完成率为 100%，平均得分、签到率、自主学习效果、到课率和完成率都非常令人满意。在面对面小组任务的展示活动中，展示者运用 PPT 和视频对比中西文化标志符号，拓展单元主题，整体完成质量还是比较令人满意的，但学习分析数据和课堂观察也显示出混合式教学中的一些问题：

1）在自主慕课学习单元测试的再次线下测试中，学生的平均得分显著下降。对比前后学习数据教师发现，在学生自主学习的过程中存在虚假学习的情况，即线上失信学习。学生对于视频观看和线上单元测试的提交时间集中于截止日期前的 1 ～ 2 天，不符合线上随时分散学习的特点。慕课学习的优势之一就是避免因长时间的学习而产生倦怠感，而学生在截止日期之前集中完成的情况则表明，混合式教学并没有发挥出线上学习的优势。

2）最初为了鼓励学生进行线上自我评估，线上单元测试题允许做三次。数据显示，最终测试满分的学生中有近三分之一是在第三次答对，而其中除了个别学生外，大部分第三次答对的学生并没有相关慕课视频时长的增加或者视频反刍数据记录，那又是如何在线纠错的呢？

3）在线学习环境里很难甄别出参与者和无智力投入者。在线下小组汇报后的互动讨论和问答中，同组内的个别成员对于汇报的内容似乎并不太了解，部分学生处于游离参与的状态。

通过进行问卷调查和访谈，笔者分析了线上虚假学习的主要原因：一是学生对于慕课资源学习后印象不深，很难抓到重点和要义。从心理学角度讲，口语与听觉通道是相匹配的，慕课视频生动、灵活，可以与表情、神态和肢体语言相配合。多媒体方式便于构建课程信息理解所需要的情境，冲击力强，符合学习科学的双重通道原理。但是口语表达内容的系统性确实远不如书面材料，所以学生观看慕课视频后不易掌握知识框架，缺乏对于慕课内容的主动加工。二是多数慕课的测试题可以在网上搜索或者购买答案，因而学习者不愿选择回看视频进行再次学习。三是三分之一的学生认为完成课程每周的任务量比较困难，特别是当所选的几门课程都进行翻转课堂教学，同时没有给予线上学习的课时分配，学生的线上学习认知负担会增加。

笔者还通过问卷调查和访谈分析了线下游离学习的主要原因：一是任务式教学呈现形式比较单一，致使学生全员的参与度不足；二是形成性评估方式、维度和范围相对单一，促学的力度不足。

在教学行动研究中，学习分析就像一个放大镜，让教师发现了混合式教学过程中被忽视或掩盖的“教”与“学”的现实，教师需要面对和反思混合式教学中理想和现实的差距。混合式教学中确实存在线上学习的高参与和低投入及线下教学的高游离与软监督的问题。通过梳理相关教学研究文献，课程组发现目前以翻转课堂为代表的外语混合式教学多重视教学实施过程，而忽视教学模式的开发和验证，较少涉及影响混合式教学的相关变量及其关系分析，对评估工具的研究也相对较少。因此，我国特色的混合式外语教学理论、实践与评价的优化和创新已成为我国外语混合式教学的新方向（胡杰辉，2021）。

3.3.3 混合式对分课堂教学 2.0 版本的创新

基于教育部对于高校课程“两性一度”的标准和要求，面对混合式教学在我国教育领域的现实问题，2021 年，笔者与“英美文化概况”的授课教师对之前混合式教学 1.0 版本的实施和效果进行讨论和反思，并尝试进行创新变革。课题组开始思考如何将已有的线上自主学习、讲授和讨论等教学元素进行重新组合，形成一种新的教学结构，产生新的教学力量。

对分课堂的教学模式由复旦大学张学新教授于 2017 年提出，又称为 PAD 课堂。PAD 对应学习者接收教师所呈现的信息（Presentation）、自主吸收和内化（Assimilation）、交流讨论（Discussion）三个教学阶段。形式上，对分课堂将课堂实践一分为二；实质上，在讲授与讨论之间引入了一个心理学的内化环节，是个性化时代对于我国原创教学的新探索。

混合式教学与对分课堂的融合被称为混合式对分课堂或对分教学，是指将混合式教学元素的线上自主学习、线下参与和讨论融入对分课堂的教学过程中，对已有的教学元素进行重组，设计课程目标和内容，在符合我国本土教学特点的对分课堂教学中尝试解决之前混合式教学 1.0 版本中发现的问题。

混合式对分课堂回归课内讲授，与之前翻转课堂不同，混合式对分课堂对于课前的线上自主学习环节进行简化设计，保证学生以合理的负担和投入开始学习的第一步。课内教学活动被一分为二，即教师讲授环节（P）和讨论互动环节（D）。其中，教师的讲授是本单元内容的引导性和框架式讲解，讲授章节内容框架、脉络、关键点和难点，关键是进行精讲和留白，让学生带着任务进行填空式自主学习，有针对性地进行慕课线上学习，以保证线上学习的效率和效果。讨论和互动环节是指学生以小组的形式进行互动、交流提升以及形成性自评和互评。学生讨论互动的是上一次课（或上一周课）经过课上教师精讲和课后慕课自主学习和整理后的内容。

课后的自主学习内化过程（A）是指学生带着任务自主学习慕课和教材资源，完成对章节内容的吸收和拓展。课程团队教师共同协商选择线上优质的自主学习资源，如中国大学 MOOC（慕课）中的国家精品在线课程。结合课程内容和特点，笔者建议根据不同的课程类别适当为课后自主学习进行内化吸收分配学时，这样不仅可以给予学生自主学习能力发展的空间，当多门课程同时进行混合式改革时也不会带给学生过重的认知负担。

混合式对分课堂与混合式教学 1.0 版本最大的不同是将原本课前的慕课学习内容置于教师导入之后，在教师精讲之后进行视频自主学习、深度阅读、独立思考、线上查阅和完成作业，线上实现线下教学。这样既保证学生对于课程内容的理解，同时也为线下项目的完成质量作好铺垫和准备，形成一种新的教学元素结构融合。混合式英语对分课堂的教学流程如图 3-3 所示。

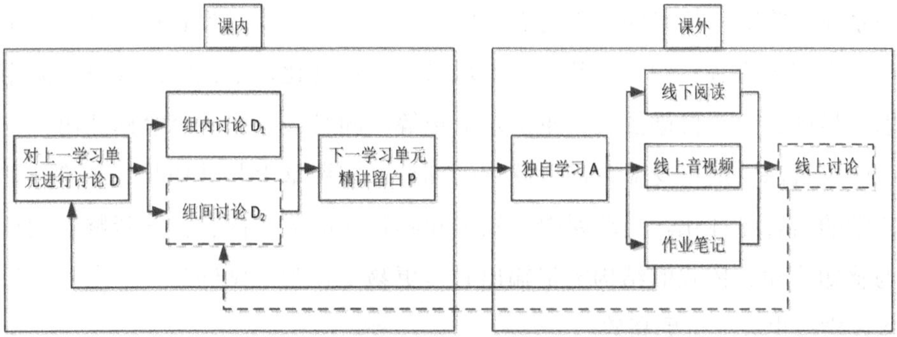

图 3-3 混合式英语对分课堂教学流程图

概括起来，混合式对分课堂中的讲授（P）是精讲和留白，教师进行充分而不过分的讲解；自主学习（A）是对于慕课视频学习内容的归纳、概括和提取，是对教师精讲部分的补充和拓展，进行内容的复习，独立思考后完成课后作业。如果教师选用的 SPOC 不是自建课程，就必须对原有线上课程进行二次加工和编辑，务必进行与课程教学内容和目标相匹配的适切性调整。课上讨论（D）过程中，张学新教授提出“亮、考、帮”3个活动设计，每一个活动都被赋予了具体要求，根据大学英语不同拓展课程的特点，课上讨论分为组内讨论（D_1）和组间讨论（D_2）两种。大学英语讨论环节中的“亮、考、帮”被重新解读为“亮所得”“考重点”和“帮你我”（Shining what you have learned，Checking how you have obtained，Supporting each other in communicating and cooperating）。“亮所得”和“帮你我”对应图3-3中的组内讨论（D_1），“考重点”和“帮你我”对应组间讨论（D_2），“帮你我”既可以为组内成员的活动，也可以是全班的展示和交流。

“亮所得”是指学生在完成课堂听讲、课后自主学习和作业后，与小组其他成员进行面对面交流时，对各自作业的完成情况进行讨论和分享。学生在自主学习时需要总结出单元学习的内在知识点和逻辑。虽然与文本相比，慕课内容更易构建情境，唤起画面感，有助于达成学习目标，但慕课的学习内容以语言为载体，看完即消失，语言本身是碎片的，会导致内容关系非常隐晦，仅存储于学习者的短时记忆中，不易成为长期记忆。学生在对章节内容进行归纳和整理时，尽量要求可视化，笔记的形式可以采用思维导图、手绘自创图表、康奈尔笔记等，同时需要用亮色笔标注出让自己印象最深、最为受益、最为欣赏的部分，在课堂上与其他学生分享，把独学的内容显性化。当慕课中告知式和碎片式的语言内容被重新整理设计为感知式和整体式的结构笔记输出时，更易于让学生感同身受、全身心投入，学习也会变得更高效。

在“亮所得”环节中，每位成员的组内分享时间为一分半左右，整个环节一般控制在8分钟之内。在分享过程中，同伴成员可以同时看到分享者的笔记，对相同学习内容的个性化整理进行第一次组内自我评价与隐性同伴互评。图3-4、图3-5为“亮所得”课堂照片。

“考重点”是指在“亮所得”之后，4位成员以小组为单位完成教师对于本单元内容知识点的问答考核。考核形式分为两种：一种是课内线上测试，学生通过手机端“学习通”App完成。优势是教师和学生可以即时查看测试结果，教师可以给予即时的针对性反馈。但不足是线上测试以个人为单位作答，暂时无法支持组间对比，不适合开放性问题，也不能进行师生和生生互动交流，很难通过问答增进组内成员之间的凝聚力。

图 3-4　春季学期“亮所得”课堂照片

图 3-5　秋季学期“亮所得”课堂照片

第二种以课堂竞赛形式进行，分为必答题和选答题。必答题由教师指定小组进行回答，但具体由哪位成员回答，组内自行决定。抢答题任何小组都可以回答，为了避免个别学生答题过多，教师规定每位学生最多只能回答两次，同时为了避免因为组间差异过大造成心理负担，根据问答题目总数给每个小组的得分设定上限，分数达到上限后将不再参与抢答，这样能更有效地保证全班所有小组以及多数学生都能参与，提高小组成员参与的积极性。小组的得分会即时记录在黑板上，所得分数由组内成员共享，有利于增加小组同伴之间的凝聚力和互促意识。同组成员也会进行小组成员组内贡献的第二次自我评估和隐性同伴互评。值得注意的是，对于以上两种考核，教师可以根据大学英语与拓展课程的内容和活动的不同灵活设计选择、交替进行。

“帮你我”是指在全班问答过后的小组活动。教师根据每个单元内容和教学目标的不同设计不同的组内任务，任务需要所有组内成员共同参与。根据单元教学内容设计出“组内拼图”等活动。组内讨论是自主式的，由组内成员自己掌握节奏，培养学生有效利用讨论时间进行自我监控的能力。

有些任务完成后还需要以组为单位在全班展示和交流，接受来自其他小组的互评打分。根据“英美文化概况”课程的教学内容，课程组设计“海报之旅”“画廊漫步”“世界咖啡”等全班互动活动。每一项活动都有完成时间的限制，参与者需要在规定的时间内完成活动任务。在活动中，师生共同努力营造组间互相推动前行的学习氛围，教师会以参与者和促进者的身份平等地参与到活动中。

组间和组内互动活动都以小组为单位，这样的设计符合动机认知理论中基于社交伙伴的动机，通过营造团队社交学习氛围让学生在学习团队中找到归属感，收获成就感。

以“英美文化概况”课程第一单元的组间互动活动“海报之旅”为例，课程第一单元介绍英美国家的基本情况和主要标志性文化符号，经过教师课内精讲、课外学生自主内化整理和拓展学习后，每个小组选取本组最感兴趣的英美文化符号，与我国的文化符号进行比较，将文化内容制作成海报，进行组间讲解展示。活动分两轮进行，每轮 15 分钟。在第一轮中，每组由两位成员扮演文化讲解员，用英文讲解海报展示的文化内容，并回答相关提问。另外两位成员作为游客要认真倾听并提出自己对于所展示文化符号的疑问，与讲解员进行互动交流。图 3-6 为课内互动的活动现场照片。

图 3-6 “海报之旅”组间活动现场照片

15 分钟后，游客与讲解员角色互换，开启第二轮的“海报之旅”。每位学生都有机会展示自己的成果和欣赏其他小组的成果。在活动过程中，鼓励学生使用英文进行交流和互动。教师为每一位游客发放一张“入场券”，即评价量表，根据评价量表中的多个维度对本组之外的其他小组的表现进行打分，并在活动结束后统计得分，选出得分最高的三个小组。评价量表的设计详见第 5 章 5.2 部分。教师对于全过程进行弱监管，主要负责流程的把控、时间的管理，并以游客的身份参与到活动中，给予学生自我决定和解决问题的机会和空间。

在课程开始之前，所有选课学生会在线填写笔者设计的“我来报道”小问卷，内容包括性别，选课动机，大学英语四、六级成绩，对于课程的期许等。教师参考学生个人信息，基于“组内异质、组间同质”的原则，对学生进行分组，每组 4 名学生，一般情况下每班有 8 ～ 10 个小组，每个小组尽量保证男女生搭配、选课动机高低搭配、英语基础高中低搭配，保证各小组之间的水平相近、起点基本相同。小组成员两两面对面就坐，对每个小组进行编号。

小组活动由组长负责掌握时间与流程，小组长由教师指定，之后由组内成员轮流担当，或者由组内成员自行协商决定。

经过一轮的混合式对分课堂教学实践，数据表明此教学方式可以有效发挥慕课资源的优势。采用混合式对分课堂后，学生线上学习时间较之前 1.0 版本相对分散，线上慕课平均观看时长为总时长的 2.3 倍，线上测试完成率为 98%，平均得分为 95.8 分。课前和课后内容重新切割调整后，学生在预定的时间内能够更高质量、更投入地完成自主学习。对学生进行的匿名问卷调查结果显示，79.5% 的学生认为调整后的线上学习任务量更适合，76.8% 的学生认为改变后的教学模式更高效、更省时，对于过程性学习笔记的分享，85.4% 的学生认为这样的组内评价可以强化自主有效学习。通过课堂观察，教师发现学生的课堂参与度明显提高，同侪互动和互促产生了积极的学习效果。在项目展示中，同组成员对于课程单元项目内容的了解和参与也都明显强于以前。

3.4 “英美文化概况”课程线上线下四大学习场景的融合

3.4.1. 四种不同的学习场景

在教育教学领域，师生教与学所处的环境与营造的氛围至关重要。著名教育学家和未来学家戴维（2020）指出，从原始时代迄今，人类都在四种不同的独立场景中学习，即营火、水源、洞穴和生活。

营火可以追溯到人类的起源，它不仅结束了原始人茹毛饮血的时代，同时为人类带来了温暖和更多聆听的契机。营火意味着一个讲故事的地方，人们聚集在篝火周围听别人讲故事。讲述者一般是拥有知识和权威的人，在绝大多数学校课堂中，教师依然是班级的焦点，处于中心位置，由教师将知识信息传递给学生，学生面向教师，处于聆听和被动接受的位置。

在生活条件不便利的时代，人们三五成群在水源旁洗衣、淘米，交流感受。当今社会，水源式场所仍然是同龄人社交的主要场地，如餐厅、咖啡馆、奶茶店、零食吧、活动社团等，人们在这些场所通过聊天、对话进行社会学习。对话是一种刺激因素，能让人获得与独处时完全不同的知识，产生与独处截然不同的思维方式。社会建构主义之父维果茨基提出了最近发展区（Zone of Proximal Development，ZPD）的概念。在最近发展区里，学习者需要与教师及其他共同学习者（Co-learner）通过社会互动和合作交流触发自我提升。然而，在传统讲授式课堂中，学生通常是面朝着讲台成排就座，很难有彼此对话的机会。在水源式学习场景中，没有人可以预设交流的结果，过程可以引发各种想法，这是在营火场景中无法获得的。但只有在营火场景中，故事的讲述者作好必要的铺垫，学习者才能在水源场景中表现和交流得更好。

洞穴是指自我反思式学习场所。这种学习方式可以借助外部的学习资源，如文本材料，音、视频资源，网络资源等，在个人的自主引导下独立完成知识的内化和吸收。洞穴正是认知建构理论家皮亚杰提出的对知识进行认知构建的场所。他认为，虽然知识的来源可能为讲授或者交流，但对知识进行认知建构加工很大程度上仍然是一种个人行为，即不断进行自我反思、内化和吸收。也就是说，将学习中的知识信息转化为内在的理解和吸收需要自我反思和内化空间的建立。洞穴式场所无疑就是“吾日三省吾身”的主要场所。至于此场所中有没有旁人，那就要依据学习者的个人喜好决定了。如今我们每天都在接触各种流星雨般的碎片式互联网信息，忙于捡拾保存，却难以将其编制、整理。给学习者留出独立思考的时间，构建洞穴学习场所，也许某个瞬间，顿悟的“苹果”会突然掉落在某位思考者的头上。

生活是指将所学的知识和技能投入有意义的实际应用的场景中。类似于西蒙·派珀特提出的构造论场所，构造论与建构主义有着共同的基本原则，但构造论增加了一层含义，即只有当学习者在有意识地参与构建公共实体的情况下才是真正地在建构中学习（Learning by Making）。也就是说，学习者要将知识外化为完整的作品承载体并加以呈现，产品需要有现实意义，只有坚持实践才能真正体现他们对于知识的理解和掌握。在这个场景中，学习者得到了将从以上三个场景中所学到的知识信息付诸实践的机会。因此，教师要尽量给予学习者参与和课程内容相关的实践的机会，在项目式教学中提供、设计和构建各种学习场景。

3.4.2 混合式对分教学活动与学习场景的融合

学习的本质就是在信息之间创建连接，大脑对于新信息意义的构建主要通过在新知识和原有知识之间进行多场景、多模态的连接，促进知识的整合（焦尔当，2015）。显然传统的教室和教学方式无法满足学生对于学习的需求，学习多场景的重新设计至关重要。技术的使用虽然无法解决旧的教育模式中存在的问题，但可以为学生在四大学习场景的自由切换方面提供支撑。值得注意的是，信息工具常与信息技术混淆，事实上，工具只是技术生态下的一个维度，而技术不仅包括设计，还包括支持并促进教学的技术环境。

在不同的学习场景中，混合式外语多元融合教学是依据课程现阶段的目标和需求，在外语教学实践中寻求技术，而不是在技术中寻找课程。因此，教学工具、教学策略与教学方法都应该是情境式的。融合式教学立足保证线上线下的实质等效，信息化教学不是为了技术而技术，高质量的融合式教学设计应体现以学生为中心的教与学。其中，教学与场景的互动式融合是教学的关键要素。教师以学生为中心、两性一度、线上线下、课堂内外、实质等效作为标准，为学习者提供支架式教学（Scaffolding Instruction），设计并构建与学习场景相对应的外语教学活动的融合，帮助学生进入学习情境。

1. 营火场景的融合

当前以学生为中心的教学理念并不是宣告讲故事式的营火模式已经不再重要，而是不再需要事无巨细、全面彻底的讲解和说明了。教师的讲授需要精讲和留白，这样既能提升课堂讲授的效率，又能为学生留出自主学习的空间。至于课堂中教师讲与不讲的比例到底是多少以及如何精讲，则需要依据学情与教学内容决定。这对于教师而言并不轻松，可能需要花费比以往备课更长的时间和更多的精力。对于习惯了把知识点全盘托出的教师和期待教师将知识点详细一一道出的学生来说，同样都面临着新的挑战。对于内容的取舍以及如何引导学生过渡，教师需要进行自我思考与探索。总而言之，引导式、框架式、逻辑结构和重难点，这 4 点是营火式讲授的核心。

营火式讲授一定要面对面进行吗？其实也未必需要，教师也可以通过录制微课或者在线视频进行讲授，这样做的优点在于不仅内容短小精悍，而且便于教师后台进行信息技术处理，以更好地讲解内容，突出章节讲解的概括性和全局性。学生可以无限次回看，甚至在自主学习和讨论后再次复习观看。但问题在于面对面的教学过程除了教学内容的传递，还富含教师与学生之间情感的沟通，包括眼神、表情、肢体语言等，这些都能激发人与人之间积极的心理情感和情绪，带给学生真实的情境感。

笔者认为，课上播放视频是否比教师面授更为有效不能一概而论，如果课程内容确实有多维技术呈现的需要，则能够提高课堂讲解的效率，是否在课堂精讲时进行线上与线下的融合需要教师依教学情况而定。但笔者并不主张在课堂面授过程中只播放讲解视频，因为教师几乎没有对课程进行线上与线下的教学情境的融合设计，而学生已经坐在了实体课堂中，线上线下两种情境并行但无融合，会给学生造成对于情境认知的负担，教学效果会大打折扣。

2. 水源场景的融合

在传统课堂中，学生基本是独自学习，彼此交互有限。特别是对于不同院系的公共选修课，学生往往上了一学期的课，彼此之间却互不认识。社会学习属于人类最原始的学习方式，水源式场景的构建为学生提供了更多进行自我表达和互相倾听的机会。融合式教学将同伴之间的合作与交流列入课堂常规的流程，构建一种舒适、自由的英语学习环境和对话关系，同组成员之间可以更好地交流思想，激发新的视角。

在第一次讨论互动活动之前，教师有责任引导和营造组内的文化氛围，培养同伴之间的互动反馈素养，构建互促的学习理念。教师首先需要承认每位学生的英语基础是不同的这一事实，同一个班级的学生并不是站在同一条起跑线上。每一位小组成员对于同组学生的努力和投入都需要给予鼓励和认可。讨论的内容是学生自主学习内化后的分享，是独一无二的，同组成员都可以在其他成员的分享中有所收获和思考。同组成员之间彼此关注是建组之初同伴关系最有效的黏合剂，同时也让每一位分享者内心更有力量，让所在场域变得更加亲切。

信息技术的发展打破了水源场景的时空藩篱。同伴之间的讨论和交流可以不局限于在线下课堂中进行，各种社交软件和学习工具都支持同步交流和异步交流。同组成员可以对课后讨论题进行线上交流，协作完成，然后进行互评。因为线上交流可以不同步，学习者便拥有更多思考和完善的时间。通常线上交流的内容更为丰富，同伴互评也更公正合理。对于不善言辞的学生而言，线上交流给予他们更多让同伴了解自己的机会。

由于受网络时代碎片化信息的影响，对于结构性单元学习信息的讨论并不适用于线上这种不同步交流，学生可以在课后进行线下小组展示或者小组任务的分工、商讨和排练，也可以通过线上视频和语音来完成。

水源式场景可以在线上和线下进行，也可以在课堂内和课堂外进行，可以由教师设计和营造，也可以由学生选择场景。在课堂线下水源式场景的交流中是否可以同时融合线上交流呢？当小组讨论不便于面对面抉择时，辅以线上交流，笔者认为这完全可行且线下交流与线上交流相得益彰。也就是说，融合式教学中的水源学习场景可以在课内线下、课内线上、课外线上、课外线下，依据教学目标和任务的不同灵活地自由切换。

3. 洞穴场景的融合

洞穴是学习者进行内化和反思的空间。教育的真正目的就是为人们的终身自修作准备。在融合式课堂中，学生内化和吸收的环节可以在课堂环境中进行，也可以发生在课堂之外。在实体课堂中，学生可以自由选择教室的任何地方，可以与同伴面对面而坐，也可以选择一个安静的角落。如果条件允许，教室里可以提供一些有助于学生沉浸式学习的设施。这些设施可以与课程内容相关，有助于学生学习投入和学习过程中心流的产生。教师可以在线上建立属于学习者个人的学习档案袋，如通过腾讯文档记录学生自主学习的过程和成果。

自主学习的内容通常是阅读文本（包括教材）、观看慕课视频、复习课上教师讲授的内容、独立思考、完成作业。作业是混合式对分课堂中独学部分的最重要抓手，是连接教师精讲和学生讨论的关键环节。如果自学发生在课上，属于对分课堂中的“当堂对分”，鉴于课堂时间有限，作业布置应该相对简单；如果自学发生在课外，则属于“隔堂对分”，作业布置要有深度和挑战，便于引导和督促学生进行课后复习，保证其理解和掌握基本内容知识点，为下次课堂中的小组交流、组间竞赛和展示互动作好铺垫和准备。

融合式教学的作业通常分为三种：

1）本章慕课视频后的单元测试和讨论。学生在观看视频后随即在线上完成，作业与慕课内容直接相关，有助于帮助学生重温基本的内容和掌握重、难点。教师可以自行设置线上允许学生做测试题的次数，因为大部分线上测试题为客观题，为了避免学生用试错法来做题，同时又为鼓励学生进行自我反馈和反思，笔者认为测试题以做两次为宜，取最高分记录在最后的成绩中，这样既能使学生珍惜机会，保证以最好的状态进行线上学习，又给予学生回看视频、进行自主学习巩固的机会。

2）半结构化笔记。学生在教师课上精讲的结构框架支持下完成课上留白，形成较为完整的知识结构。对于基础较差和能力较弱的学生，作业的结构化程度可以高些，以结构为支架，引导学生完成填空式学习。对于基础较好和能力较高的学生，可以不限于章节框架，鼓励作业的开放性和个性化。学生可以进行各具特色的笔记整理，整理形式可以多样化，鼓励学生自主提炼内容，写出自己的感想，字数不限。

Krashen（1985）在输入假设中提出“*i*+1”理论，其中“*i*”代表学习者的现有水平，教师需要根据学生的“*i*”提供略高的语言知识和技能提升训练。如果教师提供给学生的是“*i*+0”，内容太容易，缺少挑战度；如果教师对学生的要求是“*i*+2”，内容太难，学生会失去英语学习的信心。也就是说，课程的内容必须保证在学生可理解的基础之上的适度提升。而学生英语基础参差不齐，无论是大学英语以院系为单位的自然班还是拓展课程的全校选修课，英语基础的高低差距都是教师需要面对的现实。在相同的内容和任务布置中，让每一位学生都可以感受到学习的成就感，半结构化笔记就是差异化教学有效的载体。半结构化笔记需要在下次上课之前线上提交给教师查阅，教师根据完成情况、学习态度和创新性三个维度进行评判。

综上所述，学生主要是在洞穴场景中自主完成作业中的单元测试和半结构化笔记。

3）小组项目作业，也可称为小组任务。此项任务需要组内成员之间的彼此协商和排练，最终给予集体呈现，需在水源式场景的线上或线下完成。

4. 生活场景的融合

迄今为止，虽然很难说某一种教学方式能够适用所有的学生，但却有一种能让所有学生进入心流状态，即任务驱动探究式学习（Inquiry-driven Learning），也就是项目式学习（Project-based Learning）。项目式学习是一种动态的学习方法，学生一边思考一边执行，主动探索现实问题，根据明确的目标制订计划，选取材料，反复检查，按照每个分步计划各个击破，最终一步步达成预期结果，在过程中感受学习的获得感和满足感。在大学英语的项目式教学中，学生不仅学习英语知识和应用技能，而且其跨文化交际能力、非语言主题知识、自主学习等技能都可以得到促进和提升。

因为英语语言和文化的学习在社会交流和互动的过程中碰撞思维的火花，所以英语项目式学习又通常与合作学习（Cooperative Learning）相结合。小组合作学习是许多学校教学中普遍采用的一种教学理论与方法，被誉为近十几年来最重要和最成功的教学方式。

大学英语和拓展课程的项目式合作学习与其他课程不同，不一定需要实际动手制作某种看得见的成品，更多的是语言和思维的交流和互动，但有时也需要依托实物助力语言和思维表达，如 PPT 展示，主题海报，电子版或者纸质版的图表，内容介绍手册，小品、歌曲或者舞台剧视频作品，等等。

根据项目式合作学习的成果展示途径，我们将其分为组内和组间项目两种。项目式任务的布置通常以单元内容为引导，根据单元教学任务和目标，安排组内或者组间任务。组内项目又可以称为微项目，即小组所有成员集体去完成一个任务目标。例如，在“英美文化概况”课程的美国历史单元的学习中，教师要求学生课后观看电影《阿甘正传》，然后与小组成员一起了解20世纪美国的历史，填写表格“阿甘眼中的美国历史”。微项目是一个需要分步骤完成的任务，即学生首先要完成自主学习和自我思考，然后在与同伴的交流中达成共识。当成员之间彼此意见不同时，通过组内的辩论和协商最终形成共识。微项目最后的辩论和协商环节通常在课上完成，如果课时不允许，也可以在课后线上完成。在教学过程中，我们发现课堂中的面对面场景更易于项目成果的完成，效率高于课后线上。小组的集体氛围也更容易将学生带入问题场景中。小组活动增强了同伴之间的集体归属感，消除了孤独感，增强了同学之间的友谊，也使学生获得更多的交流机会，提升人际交往能力。

与组内项目步骤相比，组间项目较为复杂，需要在组内完成任务之后，再进行展示和互动交流。组间项目活动是对组内活动的深入，在全班互动交流的过程中打破了小组的界限，学生可以与更多的同学进行互动，在不同小组构建的不同情境中转换和交流。学生通过成果比较进行自我反思，教师允许小组重新完善和改进本组的成果。例如，在“英美文化概况”课程的英美政治单元的学习中，正逢我国“两会”召开，于是就设计了“世界咖啡”（The World Café）的形式，进行“两会”大家谈的组间项目交流。当小组成员从小组内部移动到小组外部进行交流时，他们的想法和见解在这个过程中也通过一次次的对话得以传递。小组成员将之前的想法重新汇总和提升，进行二次提交。

总之，混合式对分课堂的流程可以与四种功能学习场景融合构建（见表3-2）。混合式对分只是一个基本模式，可以运用于整个学期、每个章节，也可以运用于其中几个章节的教学中，还可以根据慕课视频内容与教学目标进行灵活处理。

表 3-2 混合式对分课堂与学习场景的融合构建

	讲授 Presentation	独学 Assimilation	讨论 Discussion（D_1 & D_2）	
教学场景	营火	洞穴	水源	生活
教学活动	教师精讲	内化吸收	组内讨论 D_1	组间展示和完成任务 D_2
活动内容	引导式和框架式讲解 留白	自主学习 完成三种作业	“亮所得” “帮你我” （组内微项目）	“考重点” “帮你我” （全班互动）
时空 融合方式	课内线下 课内线上	课内线上 课内线下 课外线上 课外线下	课内线上 课内线下 课外线上 课外线下	课内线下 课外线上

根据大学英语课程学时以及授课时间密度可以进行“隔堂对分”（洞穴场景置于课外）或者“当堂对分”（四大场景都在课上）。以“英美文化概况”课程为例，教学共 16 周、32 学时，一周一次课，如果进行“隔堂对分”，师生两周才能见一次面，太长时间没有面对面的交流互动，会增加师生、生生之间的陌生感，不易于学习场景的融合构建。因此，教师可以重新分配课堂内外的时间，在“当堂对分”中可以将传统课堂的后半节课（45 分钟）交给学生，允许学生走出课堂，引导和帮助学生在构建的洞穴和水源场景中更加自由地自主学习和讨论交流。

3.5 小结

随着互联网、移动信息技术、智慧化教学工具在外语教学中的融入，混合式教学进入第三阶段——学习者视角下的多元融合阶段，融合式教学打破了第一、二阶段对于线上线下时空分配的明显界限。将以学生为中心、两性一度、线上线下、课堂内外、实质等效作为标准，在建构主义和联通主义理论的基础上，教师的角色转变为情境创设者、数据解读者和学习促进者。通过创设营火、水源、洞穴和生活4种外语学习场景，并以“英美文化概况”课程为例，在混合式对分课堂的各环节中设计与学习场景相对应的教学情境活动。充分重视线上线下产生的各种学习数据，以教学大数据驱动教师和学生准确地把握学习状态。混合式多元融合外语教学中的“多元”是指多种教学方法的灵活运用和融合创新、外语课程思政与混合式教学的融合创新、形成性评估与混合式教学的多样性融合。教师不断完善对于外语学习场景的融合和情境的创设，为学生创造一种高度参与的、个性化和创新性的中国外语混合式学习体验。

混合式教学并没有统一的模式，在线上线下融合大框架下，混合式教学并不拘泥于一种形式，而是鼓励根据教学目标、教学内容、教学对象的不同进行变通和创新。混合式多元融合外语教学中的融合打破了线上线下时空分配的明显界限，利用线上和线下教学之所长，构建符合外语课程的学习情境，将网络在线教学、移动教学、面对面教学3种教学模式完全融合，使之相得益彰。以外语学习者的学习数据为依据，形成性评估贯穿混合式教学的时间和空间，在教学实施过程中开展行动研究，不仅关注外语学习的效率和效果，同时也关注学习者的学习体验和感受，不断验证、开发和创新外语混合式教学模式。

第4章　课程思政与“英美文化概况”课程混合式教学的融合

习近平总书记2016年在全国高校思想政治工作会议上指出，要把立德树人作为教育教学的中心环节，将思想政治工作贯穿全过程，使各类课程与思想政治理论课同向同行，形成协同效应。在学校思想政治理论课教师座谈会上，习近平总书记又强调，要挖掘课程和教学方式中蕴含的思想政治教育资源，实现全员全程全方位育人。

《高等学校课程思政建设指导纲要》（2020）进一步指明，课程思政建设内容要紧紧围绕坚定学生的理想信念，以爱党、爱国、爱社会主义、爱人民、爱集体为主线，围绕政治认同、家国情怀、文化素养、宪法法治意识、道德修养等重点，优化课程思政内容供给，系统地进行中国特色社会主义和中国梦教育、社会主义核心价值观教育、法治教育、劳动教育、心理健康教育、中华优秀传统文化教育。大学英语教学应主动融入课程思政教学体系，在高等学校落实立德树人根本任务中发挥重要作用。全面推进课程思政建设就是要用价值观引导学科知识传授和综合能力培养，帮助学生塑造正确的世界观、人生观、价值观，这是大学英语教育教学的应有之义，也是大学英语教育教学的重要内容（何莲珍，2020）。

2019年秋，燕山大学实施推进课程思政建设方案，明确教师需结合学科特点，挖掘课程蕴含的思政教育元素，丰富课程内涵，优化教学设计，创新教学方法。鉴于大学英语课程普及面广、学习时间长的特点，燕山大学外国语学院提出将大学英语拓展课程作为课程思政的重要载体，将广义的思政理念有机融入英语语言技能、英语学科知识、跨文化交际、批判性思维等能力培养的各环节中，开阔国际视野，培养学生的家国情怀和社会责任，积极引导学生进行中国文化的对外传播和推广。“一体两翼”式课程思政融入“英美文化概况”课程教学是基于情怀和创新的“一体”式设计，以“画龙点睛”和“专题嵌入”的“两翼”式方式将课程知识点与思政点相融合，以达到“润物细无声”的教学效果。

4.1“一体两翼”式课程思政教学构想

2020年年初，教育部提倡开展在线教学，教师既要实践“停课不停教”，也要注重“停课不停育”，转“疫”为“育”。2月初，“英美文化概况”课程团队教师开始进行线上教学的全方位准备，结合课程内容重新梳理和遴选课程蕴含的思政教育元素，将思政元素明确写入教学大纲，重新调整和完善课程教学目标。

为了更好地实现课程教学目标，团队教师设计并实施“一体两翼”式课程思政在线教学模式。对思政融入方式的变革本身就是对课程思政中注重改革创新这一基本原则的尊重和践行。“一体”是指在新冠肺炎疫情期间，在网络技术的支持下教师在线教学的情怀与担当。“一体”是课程思政的灵魂，是隐性渗透的最重要内容。“亲其师”才能“信其道”，特殊时期教师的教学态度、责任和担当真真切切、时时刻刻地传递给并影响着每一位学生。“两翼”是指在在线教学情境下，思政融入课程的两种主要方式——“画龙点睛”式和“专题嵌入”式。“画龙点睛”式是指在线上讲解过程中利用网络教育技术对课程思政的知识点进行精准滴灌，嵌入其中，强化线上资源建设的综合应用，增强时代感和实效性，通过英美两国与我国社会文化的对比，提升大学生对于中华文化的自豪感，增强弘扬传统文化的使命感。“专题嵌入”式是指为实现“英美文化概况”课程设定的知识目标、情感目标、态度和价值观目标，教师开展项目式教学，在单元教学中通过设定专题，引导学生利用网络在线搜索信息，分析和挖掘相应的内容，培养线上自主学习、协作沟通的能力以及批判性思维，增强学生的爱国情怀和社会责任感。

4.2“一体两翼”式课程思政的具体实施

4.2.1“英美文化概况”课程思政的一体式情怀和创新

线上授课开始之前，团队教师准备了多套技术备选方案，不仅引进了国家精品在线课程，而且也制作和整理了单元教学微课。在智慧教学工具的选用上，充分预判可能出现的情况，预备了一个主选和两个备选方案。根据课程的特点，以方便学生学习为目的，最终确定直播平台，课程采用直播方式进行。学生可以通过“学习通”、QQ 等多种方式与教师和同学随时随地地交流和互动。在课程开始之前，教师通过网络问卷了解了学生前期的学习情况、选课动机以及线上学习的各种技术困难，并针对不同的问题进行点对点解决。

为了在教师主导和学生主体之间找到最佳的契合点，帮助学生进行线上自主学习，培养良好的自律和自控能力，团队教师设计的带有温情和创意的形成性评估贯穿课程始终。课前教师通过“学习通”和 QQ 群发布教学目标、教学内容与学习任务。学习任务由三部分组成：课前需完成的任务、课上活动流程和课后需完成的任务。学习任务被设计为一种评价量表，学生可以根据自己的完成情况进行自我评估和自我反思。

直播开始前几分钟，师生会在平台进行日常交流，沟通情感，上课时直播间会响起熟悉的铃声。每两周学生会以小问卷的形式反馈学习情况，教师及时发现学生的学习困难和需求，进行教学反思，调整下一步的教学设计。

例如，有学生反映希望直播课上有一段自由的时间，可以按自己的节奏观看教学视频和整理笔记。团队教师经过反思，重新设计教学，以学习成效为中心，课堂上适度留白，课内教学内容适度做“减法”，课外教学内容适度做“加法”。根据脑科学研究，大脑中的多巴胺神经元奖励系统对新鲜感和多样性有反应（麦格尼格尔，2016）。团队教师创新设计了直播抢答、头脑风暴、线上讨论、跨时空合作等教学活动环节，以提高学生的课堂参与、投入和专注度。把传统课堂中的一对一提问环节改为一对多，这样既缓和了线上教学连线的紧张，又可以给学生提供更多的机会。课堂签到设计为花式问答签到，这样不仅可以及时了解缺席情况，同时也能发现注意力不集中的学生。教师及时与这部分学生进行电话或网络沟通，询问他们遇到的困难，采用一种温暖、和缓的方式帮助他们克服新冠肺炎疫情时期的学习困难，这种看似微不足道的方式却蕴含了巨大的力量（刘儒德，2019）。对于线上自主学习的内容，教师设计了闯关进阶式的问答环节，激发学生的学习热情，对于学生线上作答第一时间进行点评和反馈，不仅让学生知晓自己的成绩，也要让学生看到同伴的努力，促进同侪互动和相互激励。即时的反馈、不间断评价和及时调整会对教学产生更大的益处（Judy Willis，2016）。

4.2.2 “英美文化概况”课程思政的画龙点睛之笔

课程思政的“画龙点睛”是指对于知识点和技能点进行精准和巧妙的思政滴灌。了解他国的文化是为了更好地认识自己的文化，将新冠肺炎疫情时政巧妙地融入课程内容，采用比较含蓄、隐蔽的方式，使学生在有意无意间受到触动、震动、感动，以达到“四两拨千斤”的效果（见表4-1）。

在第一单元“The Country and the Land”中，除了与学生一起用英文描述我国的国旗、国徽、国歌等国家象征及其含义外，结合新冠肺炎疫情时政，对新闻媒体中关于抗击新冠肺炎疫情的高频词句进行讲解，让每一位学生线上写一封信，表达新冠肺炎疫情时期对祖国的关爱和支持。在介绍英美国家地标性建筑时（如金门大桥），讲解我国的珠港澳大桥及诸多的

“世界之最”。将纽约的时代广场与北京的天安门广场进行对比讲解。

在第二单元“The People and the Social Life”中，讲解英美饮食文化后，教师便让学生谈谈自己家乡的美食，有的学生还用视频分享了家乡菜。最后教师总结了中国的八大菜系以及饮食文化。

在第三单元“The Brief History of the United Kingdom”中，加入鸦片战争以及近代中国签订的不平等条约等历史内容，让学生们反思这段历史带给中华民族的耻辱和伤害。当讲解到邓小平与撒切尔夫人的政治交锋以及1997年香港回归时，学生们在讨论区为祖国点赞加油。

在第五单元“The Special Occasions”中，母亲节为美国的节日，虽然有文化差异，但人类基本的情感是共通的。在母亲节当天，教师倡导每一位学生以自己的方式表达对母亲的感激之情。

除了与课程知识点的融合对比之外，教师还会把 *China Daily*、《21 世纪英文报》、“学习强国”等上的一些新闻和视频链接发送至 QQ 群，保持思政热度，帮助学生了解新冠肺炎疫情期间的新闻和当今时代的发展脉络，把课程内容的延展和补充与时事新闻进行无缝对接。

表 4-1 “英美文化概况”课程思政“画龙点睛”式内容设计和实施

教学单元	课程知识点	思政元素内容	思政教学目标	参与形式
第一单元	英美国家的象征	我国的国家象征和含义	弘扬爱国主义精神，加深对国家的热爱，强化社会责任	直播课堂互动留言，线上给祖国写一封信
第一单元	英美标志性建筑	我国标志性建筑	感受中国智慧和科技的辉煌，培育家国情怀，弘扬担当精神	线上查阅信息 直播课堂互动留言
第二单元	英美的饮食文化	我国的传统饮食文化	感知中华文化的深厚广博，增强对民族的认同感	线上图片和视频交流展示
第三单元	英国历史	香港回归	对比近代落后和新中国的奋起以及新时代的辉煌，增强为祖国奋发图强、努力学习的责任感	直播课堂互动留言
第五单元	美国节日（母亲节）	关爱父母，尊老敬老	弘扬中国传统文化中的“孝”文化	QQ 群线上互动留言

4.2.3 “英美文化概况”课程思政的专题嵌入之感

“专题嵌入”是指教师要求学生以个人或小组的形式完成布置的单元任务（见表4-2）。

在第四单元“The Brief History of the United States”美国历史进程讲解之后，通过视频和文本等多种形式，进行“中国梦”与“美国梦”的对比，触发学生们去思考，激发多角度的讨论。

在第五单元“The Special Occasions”中，启发学生创新性地用英文讲解和传播我国的传统节日。以小组（2～3人）为单位在直播课堂进行主题汇报，讲解我国传统节日的由来、习俗、庆祝方式及其与西方节日的异同。小组汇报形式多种多样，有的小组制作成讲解微课，有的小组成员跨时空合作完成视频展示，有的小组以情景剧的形式讲述中国故事，有的小组穿插中国歌曲的英文演唱和民乐表演，学生们的参与热情极高。此项任务不仅提升了学生的英语语言表达能力，培养了跨文化交际意识，同时强调了母语的文化根基，让学生讲述中国故事，传播中国声音，富有中国心，饱含中国情。

在第六单元“The Political Systems”中，将英美政治体制与我国的基本政治制度人民代表大会制度相对比。当时正值全国“两会”召开，借此与学生一起学习2020年5月22日李克强总理的政府工作报告双语版以及王毅部长5月24日对于中国外交政策和对外关系回答记者提问的双语版。结合新冠肺炎疫情时政对比中西方的不同表现和结果，以新冠肺炎疫情数据为依据，说明我国制度的优越性。此两项“专题嵌入”任务不仅锻炼了学生们的语言输出能力，也培养了他们的批判性思维和自主学习能力，激发了学生们的爱国情怀。在提交形式上不仅有手绘作品、电子海报，还有利用各种软件绘制的关系图。

表 4-2 “英美文化概况”课程思政的“专题嵌入”式内容设计和实施

教学单元	课程知识点	思政元素内容	思政教学目标	参与形式
第四单元	“美国梦”	“中国梦”结合新冠肺炎疫情时政	弘扬民族精神，传播正能量，凝聚中国力量	以海报或手册等形式进行“中国梦”与“美国梦”的图文对比
第五单元	英美主要节日	创新性地传播我国传统节日	提升爱国情怀，开发创新思维，锻炼线上同伴协作与沟通的能力	以小组为单位，线上创新性讲解我国的传统节日
第六单元	英美政治体制	人民代表大会制度结合“两会”时政	了解国家大政方针，把握前进方向，帮助学生树立“四个自信”	以图文形式进行政体对比，表达对于祖国的祝福

4.3 “一体两翼”式课程思政的评价与反思

对于“一体两翼”式课程思政的评价是多元的，数据主要来自线上教学过程性数据、教师直播课堂的观察数据、课程结束后的问卷调查数据以及对学生的网络和电话访谈数据。

通过对线上教学数据的整合和分析，发现在教师规定的学习时间内，学生对于课程微课视频平均完成率为 93.6%，视频反刍比平均为 19%，线上内容测试完成率平均为 94.5%，作业、笔记与任务提交完成率为 92.6%。直播课堂中，每节课平均的互动参与度为 72.8%。参与度主要是指每一节课（45 分钟内）学生在直播过程中与教师和学生之间的视频、言语或文字等多元互动。这样的课堂参与度在传统课堂中是可望而不可即的。这表明在教与学时空分离的情形下，只要创新教学方式，网络课程是可以超越传统课堂的参与广度和深度的。学生们线上端正的学习态度和自律的学习行为是课程思政效果最直接的证明。

通过教师对于直播课堂的观察，发现学生对于“画龙点睛”式课程思政内容的融入非常感兴趣。当进行中西方文化对比和分析时，线上的互动数据明显增多。时政内容的融入也让课程内容鲜活起来，学生表现得更积极。学生对于网络信息的搜索整合能力以及批判性思维的潜力超出了教师的预期。课程结束后，192 名学生参与的问卷调查的数据也印证了教师的课堂观察。97.9% 的学生表示赞同或非常赞同在课程中融入中西方的文化现象对比，93.8% 的学生在接触英美文化的同时会自然地想起我国对应的情形，98.4% 的学生对于时政新闻在课程中的引入表示赞同或非常赞同。这表明对于“画龙点睛”式的思政融入，绝大多数学生能够并且愿意接受。

在课程思政“专题嵌入”的三个单元中，学生以个人或小组形式提交了 3 份项目作业。问卷调查数据显示，91.8% 的学生表示可以从课程中找到英美与中国在对待新冠肺炎疫情态度上存在差异的原因。这表明绝大多数学生可以学以致用，用批判性思维来解决和分析现实问题。52.1% 的学生选择“不同意或非常不同意”项目作业内容选择中国文化会带来更多的负担，35.4% 表示无所谓。这表明项目式教学内容选择中国文化并没有给大多数学生带来认知负担。98.4% 的学生愿意或非常愿意用英文进行与中国文化认知和推广有关的活动，说明思政内容的融入唤起了学生们的情感共鸣，他们更愿意去尝试与中国文化相关的英文推广活动。95.8% 的学生在完成项目作业的过程中线上查阅和整理了关于中国文化的课外资料。81.2% 的学生赞同或非常赞同学好英语的原因之一是把中国故事讲给世界听这一观点。100% 的学生表示愿意以后更多地去关注和了解我国的民族文化，并认同文明趋同、文化求异，为我国的民族文化而骄傲和自豪。这些都表明学生对于国家和民族拥有极强的认同感，中西文化的专题融入能有效地激励学生产生内动力，并促进他们对课程知识的理解、拓展和深化。

课程结束后，教师对 31 名学生进行线上一对一访谈。当被问到在线教学中可以激励学习的细节时，学生们的回答包括直播课响起的上课铃声、被抽中回答问题、即时性小测、直播互动、合作完成项目等。王同学说：“课堂中的互动是过去没有过的，感觉在这样的课堂中更有存在感。”姚同学说："有一次帮家里干农活，导致直播课迟到了，老师表示理解并鼓励在家期间多帮家里分忧，我心里就想，以后一定不能迟到。"可见创新性的线上教学是思政教学的根本。当被问到对于我国文化和传统的认知时，受访的同学大多表示："中国这么大，真想多走走。以前对于我国的文化了解不够深入，以后会更多地去了解和关注我们自己的文化。"赵同学说："我的家乡贵州有很多不被大家熟知的传统文化，项目作业中我选择介绍傩戏，感觉用英文来介绍我们自己的文化特别骄傲。"

在"一体两翼"式课程思政的在线教学实践中，教师用心发声，学生真情感受，为知识插上思想的翅膀，让"英美文化概况"课程变得有温度、有力量、有灵魂。2020 年 5 月 14 日，高教司司长吴岩在教育部新闻发布会上表示："我们再也不可能、也不应该退回到疫情（新冠肺炎疫情）发生之前的教与学状态。"在线教学将从新鲜感走向新常态。在新常态中，教师还需充分利用网络技术，结合传统课堂，持续创设和完善"一体两翼"式思政情境，开启互动式"双声道"。"一体两翼"式课程思政的教学实践使团队教师意识到思政的融入对教师提出了更高的要求，除了对于国家和民族的情怀要深，还需要创新教学思维，挖掘课程知识和思政元素的完美融合点，创新线上线下混合式教学，同时要能通古识今地将道理讲通，只有这样课程思政才能"如春在花，如盐在水"。

新冠肺炎疫情期间的在线教学提供了开展创新教学设计、丰富课程内涵、挖掘思政元素、培养学生爱国情怀和社会责任感的契机。教师尽其所能帮助学生解决线上学习遇到的问题，想办法开展高质量创新性的线上教学活动，所有学生都是这些理念和举动的亲历者，这些都是潜移默化的课程思政（于歆杰，2020），是最直接的一体式课程思政。课程思政是方法，而不是简单的加法。在"画龙点睛"和"专题嵌入"两种思政融入方式中将知识点与思政点相互融合，相得益彰。后新冠肺炎疫情时代，在线教学中"一体两翼"式的思政教学将在动态调整中不断完善，在形式和内容上也将不断创新。

4.4“一体两翼”式课程思政的持续提质增效

混合式对分课堂的教学研究不仅可以帮助师生更好地了解教学情况、改善教学影响因素、提升教学效果，同时根植于中国本土文化的教学模式的创新体现了中国智慧，这本身就是对教师课程思政教学理念的一次提升。大学英语课程思政建设不是朝夕可竟的事业，上面介绍的是2020年春季在线教学中“一体两翼”式课程思政的设计和实施，2020年秋季学期恢复线下授课之后，对课程思政的融合又进一步进行持续和深入的研究、探索和实践。

党的十九届五中全会要求以讲好中国故事为着力点，创新推进国际传播力，加强对外文化交流和多层次文明对话。课程立足国际视野、家国情怀与中国青年力量，引导学生在语言和文化的学习中树立正确的价值观。团队教师鼓励和引导学生进行中国文化对外传播，展现当代中国年轻人的风采，传播中国传统文化，增强学生的民族自豪感和自信心。2021—2022年，作为混合式教学课内思政教学成果的延续，教师带领学生参加了用外语讲中国故事比赛，线上讲述非遗文化和家乡的故事，并取得佳绩，培养服务于新时代“走出去”战略的外语人才。

高质量的课程思政不是对某种特定和单一的模式进行复制，而是根据不同的校情、学情、课程、专业采用不同的课程思政模式。思政元素的融入不是简单、机械、硬性的，也不是融入得越多越好，而是要恰到好处，把知识传授、价值引领、能力培养有机地结合起来，共同服务于立德树人的根本任务，突出课程思政教学的实效性、针对性、感染力，要更加注重学生的获得感。大学阶段，学生在社会和情感方面的发展要远大于智力的发展。

2022年，课程组将“一体两翼”式思政内容与教学活动相融合，在继续挖掘课程思政内容的同时，借助脑科学研究成果，将项目式教学与课程思政相协调，通过混合式对分课堂中小组合作与集体任务的设计，提升课程思政在新教学模式和情境中的效力。通过评价和对比以教师为主的思政讲解和以学生为主的思政活动参与的效果，使课程思政与混合式教学活动进行更为高效的融合。通过线上、线下、组内、组间的集体活动，培养当今大学生的创造力（Creativity）、沟通能力（Communication）、协同合作（Cooperation）、批判性思维（Critical Thinking）、文化理解力（Cultural Understanding）以及不断投入学习（Commitment to Continuous Learning）的6C核心素养。最新脑科学研究发现，集体活动有助于群体意识和记忆的聚合。小组同伴活动的设计将有助于提升课程思政在新的教学情境中的效力。“英美文化概况”课程思政活动设计如表4-3所示。

表4-3 “英美文化概况”课程思政与任务式活动的融合

	线上思政活动（表达形式）	线下思政活动
组内思政互动	1. 家乡美食展示（“学习通”：主题讨论） 2. 英美历史中的中国：我想说……（“学习通”：主题讨论）	1. 衣食住行中，选其一进行文化对比（介绍手册） 2.“中国梦”与“美国梦”的对比（手抄报）
组间思政活动	1. 线上一封信：我爱你，祖国！（腾讯文档） 2. 创新展现和传播中国传统节日（视频制作——线上宣传） 3. 母亲节对中国“孝”文化的表达（线上班级群聊）	1. 衣食住行文化对比（“画廊漫步”） 2. “中国梦”与“美国梦”的对比（“画廊漫步”） 3. 中国与英美文化符号（“海报之旅”） 4. 政体对比：“两会”大家谈（“世界咖啡”）

4.5 小结

“英美文化概况”课程融入“一体两翼”式课程思政教学是基于情怀和创新的一体式设计，以“画龙点睛”和“专题嵌入”的“两翼”式方式将课程知识点与思政点相融合，将课程思政的内容融入教学情境中。在教学实践中，经三方反馈数据验证，学生可以接受“一体两翼”式课程思政教学的形式和内容，并认同其为课程的一部分，能够引起情感共鸣，产生学习的内动力，有效促进对课程知识的理解、拓展和深化，达到“润物细无声”的教学效果。

“一体两翼”式课程思政融入外语混合式教学的实践需要教师在教学中不断地思考、探索和创新。在继续挖掘课程思政内容的同时，通过启发式和合作项目式教学，将课程思政与任务式活动相融合，实现思政教学的扩容。同时借助脑科学等其他学科的研究成果，构建“英美文化概况”课程线上线下“一体两翼”立体合作式课程思政体系。虽然本章课程思政的介绍主要依托大学英语拓展课程，但对于外语类其他课程同样具有启发和借鉴意义。

第 5 章　学习分析与大学英语形成性评估

学习分析是在教育网络大数据研究与应用背景下形成的学界研究的新热点。学习分析的目的是通过分析数据，推断学生的学习结果，并给予干预，以更好地改善学习成效。近几年来，学习分析已经蜕变成为影响高等教育教学和创新实践的主要趋势，其发展速度之快、关注度之高可见一斑。将学习分析应用于在线教学与管理领域将为多学科的教学与管理提供数量化的科学依据。

学习分析的根本目的是支持学习者的学习，并且是直接指向学习者的学习，但已有研究中却较少涉及以外语学习者为中心的学习支持。在现有的外语实证研究中，将学习分析技术与形成性评估理论相结合，在行动研究中通过对外语教学的观察和数据的分析进行教学反思类的研究相对缺乏。

外语教学过程中需要有坚固的支架来助力学习分析的发展与深度应用，而学习分析与形成性评估在教学过程中的融合是解决这一应用问题的重要途径。将基于学习分析的形成性评估融入混合式外语教学，设计形成性评估与混合式教学相融合的具体实施模式，在教学行动研究中，通过对教学的观察和数据的分析进行教学反思，持续和丰富形成性评估，进而调整和完善混合式教学。

5.1 学习分析驱动英语教学变革

“互联网 +”时代，教学大数据日益变革着教育方式和学习方式，有技术支持的教与学渐入常态化，对原始学习数据进行收集、整理、评价，进而发现学习者学习行为与语言习惯的规律，预测学习者的学习行为和结果，并提供及时反馈的学习分析，在常规教学中日益受到重视，被称为教育技术发展的第三次浪潮。

随着实时数据与教育的不断融合，越来越多的过程性数据产生并用来描述和洞察学习者的日常学习状态。借助移动终端的各种应用程序，教师和学习者可以更为精准地了解学习的动态过程和状态，从而实现学习的个性化和自我掌控，提高学习效率和自由度。借助技术量化工具，教师可以较全面地发现学习者的优势和不足，了解学习者的学习特点和个性差异，从而提供更为智能个性化和系统全面的教学辅导和学习支持。在学习技术的深度协同作用下，可以有效地支持或构筑外语混合式教学新模式。

5.1.1 学习分析的定义

George Siemens（2011）在第一届学习分析与知识国际会议中提出，学习分析（Learning Analytics）是对学习者及其学习情境中所产生的数据的测量、收集、分析和报告，据此了解和优化学习以及学习发生的情境。同年，美国高等教育信息化协会给出的定义为对于学习者所产生的各种海量数据的收集、分析和解读，以便评价学习者的学业进程、预测学习者的未来表现，并发现其潜在问题。

虽然对于学习分析，学者们赋予了不同的定义，但都是强调对于教学大数据的挖掘，提取隐含的、有潜在价值的、涉及教与学过程和行为的各种信息、知识与模式，预测未来可能的表现和成就，提供教学干预，以优化和改进教学质量和效率，并促进学习者的个性化学习。

教学大数据的收集是学习分析的基础，包括学习者的数据和学习环境的数据。将收集到的数据利用统计分析、内容分析、社会网络分析或话语分析等方法挖掘出有用的教学信息数据，从行为、认知和情感三个维度来评价学习者的学习状态和成就。

评价、预测和干预是学习分析的具体应用。外语教师以评价和预测结果作为依据进行反思，改进外语教学策略，完善教学内容，设计更适合的教学方式，并预测学习者下一步的学习成效，进而实现数据驱动下的“以学定教”和“因学定导”。

5.1.2 学习分析的特征

学习分析是一种数据密集型科学，具有跨学科特性。2018 年的《地平线报告》明确了学习分析的跨学科研究趋势。学习分析理论是融合教育学、心理学、社会学、统计学与神经科学等学科的学习科学理论。

早期教育教学研究主要关注学生的学业成绩，而学习分析注重用量化的方法描述教学过程，分析教学行为指标与学习者学业成绩之间的关系。随着学习科学理论的发展，教育教学研究更注重学习者的全面综合和个性化发展，关注学习者的获得感、成就感、心流等心理指标和感受。学习分析的研究也扩展到心理学领域。学习分析的研究开始采用多模态方法，系统全面地观察和分析学习者全景图谱，以期从本质上全面理解教学，从根源上改进、完善教学。

学习分析的数据来源广泛且多样。目前各种在线学习平台、移动学习 App 云平台、智能录播技术、校园一卡通技术等都可以采集学习者的学习行为数据、个体生理数据、学习习惯与校园生活数据。随着智能手表、智能手环等新感知产品的出现，利用可穿戴技术可以采集更丰富多维的行为和生理数据。学习分析收集的数据类型包括学习者的学习行为数据、心理情绪状态、面部表情特征与脑认知活动等。

5.1.3 应用学习分析追踪学习

教学管理系统、移动学习技术与社交媒体环境等都为学习分析的研究提供了丰富的数据，通过追踪学习者的外显行为数据，从行为科学的角度探究其学习行为规律和模式，挖掘和分析其潜在的外语学习认知规律。互联网的发展让真实环境中生物数据的收集和处理成为可能，如追踪学习者的脑电、皮肤电、激素分泌等，可以从神经科学和心理认知科学的角度探究学习者深层次的认知与情感变化；也可以通过现实外语学习环境中学习者的外显行为模式探究和诊断其内隐的认知活动，如借助图像传感器记录学习者在认知活动中的手部动作，用音视频记录学习小组内的交流协作等。学习过程中的心率变异性、眼动指标、脑电波、表情变化等指标都将成为构建学习者外语学习心智模型的可靠数据源。

5.1.4 应用学习分析理解学习行为

应用学习分析多角度分析学习过程。学习分析关注对学生学习行为与学习过程中话语的理解。学习分析有助于学习行为建模，通过分析教学资源、教学环境、教师、同伴的行为信息，探究外语学习者不同的行为模式。

学习分析技术还有助于学习者认知水平的分析。传统网络学习环境中，通过内容分析法对论坛留言进行分析，以此来表征认知水平。基于大数据的学习分析技术从多模态视角，全面分析学习者的认知水平。利用社会网络分析探究师生和生生的网络交互，通过文本挖掘与内容分析，深度解读师生和生生的交互现象，并从时间维度阐释学习过程。可以借助安装在外语学习环境中不被注意的多模态数据采集装置收集学习过程中的生物数据，从关注外显行为特征到注重内隐的认知机能。师生总结和反馈话语、反思写作类文本以及真实外语课堂情境中的师生和生生对话都是学习者认知水平分析的数据来源。

学习分析有助于学习者的情感分析。通过对学习者的心理和情感进行监测，帮助教师理解和支持学习者的学习，同时理解学习发生的原理和过程。情感收集手段除了心理量表和问卷，还可以从学习者的表情动作和生理反应等方面探索其情感的状态。

5.1.5 应用学习分析改进教学

学习分析为外语教学提供了多方位的教学支持。以学习者的学习图谱和学习者画像为依据，学习分析有助于个性化的教学改革，为不同的学习者匹配不同的学习路径和活动支持，通过整合学习者的外语学习背景、动机、态度和元认知等信息，构建学习者的知识模型和行为模型，为学习者分类建档，进而评价测试学习者知识模型的改进和教学序列的优化等。借助学习分析工具，教师可以对学习者的外语学习表现，包括学习时间投入、与资源或共同体交互频率、日常测评成绩等，外语自主学习路径以及混合式教学中影响学习者表现的各种因素进行分析。在对这些数据进行挖掘、整理和分析的基础上，教师能全景式地了解学生外语学习的进度、需求与风格，有助于教师反思教学方法和策略，改进混合式教学，不断提高教学支持的效率。借助学习分析支持教师行动研究和自我探究，促进教学进行有效的变革，更有针对性地改进教学，从经验范式转向靶向指导。

学习分析技术跟踪采集学习者行动、认知和情感等多维过程性数据，进而改进甚至变革学生评价模式，使一直强调的形成性评估、多元性评价得以实现。通过学习过程数据的反馈实现学习者成长过程的动态画像，激发学习者对于自我学习和投入的反思，通过自我评估、自我调节学会学习，改进学习行为和状态，构建完整的学习评价体系，在收集—分析—反馈—反思—行动调节的持续改进循环中促进外语学习的提升和发展。将学习分析与持续的形成性评估相融合，共同支持外语学习过程。形成性评估是以学习者为中心的、强调学习过程的评价，由师生共同使用，为教师和学习者提供基于评价的反馈。反馈的目的是帮助教师和学习者作出教与学的调整，达到促进学习的目标。学习分析与形成性评估共同的目标都是促进学习，二者结合相得益彰。

5.2 形成性评估的多样性嵌入

形成性评估是多元融合式教学的重要环节，不仅可以评价混合式教学的效果，还可以促进混合式教学。在教学过程中开展行动研究，构建并完善形成性评估体系，增加自我评价和同伴互评等评价方式，构建学生自我评价量表和同伴互评量表；拓宽对于评价范围的研究，开展组内互评和组间互评；拓展评价维度，将学习者的态度和感受等情感因素纳入量表维度，关注学生在学习过程中的情感体验和获得感，提升学生对于元认知、协作沟通等能力的评价。同时，开展对于教学模式形成性评估的信、效度研究，进行定量和定性的数据分析和解读。

5.2.1 形成性评估的发展

教育教学评估对于高等教育的发展具有重要意义。除了对教育价值的判断之外，还具有发展性功能。采用科学的评价方法与技术对教学的过程与效果进行评价，让学生对学习的过程和结果负责，激发学生充分参与并投入学习，基于教师科学、及时、全过程反馈以及学生认知、情感和行动上的支持，培养学生的批判性思维、自我评估等高阶能力。

Scriven（1967）首次明确提出将评估分为形成性评估（Formative Assessment）和终结性评价（Summative Assessment）两种，指出形成性评估是为改进课程教学及其他方案活动而在活动过程中进行的评估，终结性评估是为了作出选择决策而在活动结束后对最终结果进行的评估。Bloom（1968）拓展了 Scriven 的概念，并尝试将两种评估应用于教学中。他将形成性评估定义为在学习或教学过程中对教学或学习系统的评估，目的是促进教学或学习；终结性评估是在学习或教学结束后，对学生、教师或课程的学习和教学效果的评估判断，评估最主要的目的是改进教学。

到了 20 世纪 80 年代，在人本主义教育思潮的主导下，评估的理念和方法都发生了转变，评估从以决策为中心转向以人为中心。这一时期形成性评估的发展主要表现出以下特点：1）传统评价强调学业知识的量化，而此时强调将充满情感的、不同个性的人作为评估的对象，通过评估促进学生的个性和全面发展，注重质的分析，以质性评估统领量化评估；2）传统评价用统一的标准来衡量学习者，而此时主张从每位学习者的实际情况和内在需求出发，评估他们各自的进步与发展，采用个体参照评估法，尊重学习者不同的个性和需求；3）传统评价常伴随着对学生的挑剔，师生关系对立，给学生带来焦虑和抵触，而此时要求教师在相互信任、友爱和尊重的集体活动中进行评估，体现出对于学习者能力的信任和发展的关注；4）传统评价中，学生只是被动的评估客体，而此时的评估注重学习者的主体意识，培养学生的自我评估能力，增强学生对于评估的参与感和自我体验，减少对教师的依赖，发展自我分析、自我反思、自我调节和自我发展的能力。

随着形成性评估研究的推进，学者们意识到评估并不是外在的纯客观的过程，而是参与评估的所有人，特别是评估者与被评估者之间的交互作用，通过协商而形成的共同心理建构的过程（Cuba、Lincoln，1989）。评估活动需要综合考虑如何融通参评和被评各方的意见。评估的根本任务就是通过整理过程资料，梳理不同学习者在不同环境中的学习建构，通过协商，逐步解决彼此的意见分歧，达成共识。

进入20世纪90年代，形成性评估逐步发展为基于社会建构主义理论框架的评估范式。新范式下的学习是主动反思的知识构建，学习者清楚自己的目标，主动参与对自己学习的评估，既关注学习结果，又关注学习过程，评估被融入持续不断的学习过程中，真正以学习为中心，为教与学服务。

1998年，Black和Wiliam的一篇综述引发了全世界关于形成性评估研究和实践的关注，文中将形成性评估定义为教师、学生或者师生共同参与的活动，通过提供反馈信息以进一步调整和改进教学活动。Cowie和Bell（1999）又进一步提出形成性评估是一个由教师和学生共同参与、理解和反馈的过程，目的是在学习的过程中促进学习。2006年，美国州首席教育官员理事会（The Council of Chief State School Officers）尝试完善形成性评估的定义，将形成性评估的显著特征概括为以下几点：

1）形成性评估是一个过程，不是一种特定的测试或工具；2）形成性评估的主体是参与评估活动的教师和学生；3）形成性评估发生在教学过程中，直接指向正在进行的教学活动；4）形成性评估的目的是为教师和学生提供及时、具体的反馈信息；5）反馈的作用是帮助教师与学生作出教学调整，进而提升学生的学业表现和综合能力，实现课程的预定目标。

Popham（2008）更新了形成性评估的定义，称其是一种计划好的过程，在这个过程中，教师和学生根据评估来调整他们正在进行的教学活动。同时，他又补充了下列特征：1）形成性评估不是一个测试，而是一个过程，是包含许多不同活动的、计划好的过程；2）通过正式和非正式的形成性评估反映教学问题；3）根据评估，教师调整正在进行的教学活动，学生调整学习行为，以更接近预设目标。

显然形成性评估的发展已进入多元化时期，更强调评价主体的多样性。自我评估（Self-assessment）和同伴互评（Peer Assessment）发展成为形成性评估的主要手段。显性评估（Obtrusive Assessment）和隐性评估（Unobtrusive Assessment）在教学活动中并行。质性评估与量化评估结合应用。在混合式教学中，学习分析技术的发展增强了传统形成性评估过程的科学性，动态数据的收集、整理、提取和分析使得形成性评估的主观性有据可依。

5.2.2 形成性评估之自我评估

自我评估是让学习者思考并认定自己取得的成绩和成果质量，反思需要进一步改进和提高的地方。自我评估有助于激发学习者的内在学习动力，构建适合自己的学习目标和方向，培养学习者对自己的学习负责的能力，帮助学习者针对自己的语言能力掌握适当的自评方法和技巧，了解自己的学习情况，及时检查自己的进步和不足，修改和完善学习成果，不断调整学习进度和学习方法，最终成为负责任的自主学习者。

自我评估与自主学习经常结合使用和彼此互补，让学习者反思自己的学习质量，而不仅仅是依靠教师的评价，这是形成性评估的核心（Andrade、Cizek，2010）。教师要提供具体的评估任务，学生要提前了解评估的标准，掌握可操作性的评估模式。自我评估可以单独进行，如打卡完成单元学习目标和自我评估量表，也可以与同伴互评。学习者要改进自己的成果，如自主学习笔记的持续完善。

在混合式对分课堂讨论“亮所得”活动中，并不要求学生对同伴在讨论中的表现直接打分，避免学生为了获得分数而去讨论，鼓励学生去追求学习的内在动机，但实际上组内成员在活动过程中都进行着第一次隐性自我评估和同伴互评。对于学生提交的半结构化自主学习笔记，教师会根据完成情况、学习态度和创新性三个维度进行评判：笔记形式不限，内容相关即得 1 分；态度认真，笔记内容完整得 2 分；有创意，得 3 分。教师并不进行批改，不仅可以减轻教师的工作负担，还给予学生更自由的表现空间，鼓励学生个性化输出。在“考重点”活动中，教师对于小组的整体表现打分，组内成员共享得分。在这个竞争与合作并存的过程中，同组成员也在对组内成员的表现进行第二次隐性同伴互评和自我评估。

自主学习笔记是兼由学生、同伴、教师多主体共同参与的形成性评估活动。随着“英美文化概况”教学单元的推进，学生笔记的质量逐渐提高，形式呈现多样化，提交时间也相对分散，符合线上自主学习的特征，后台数据显示出对笔记不断完善后的多次提交记录。自我评估，或者说包含自我参与的多主体评估可以有效提高学生的学习投入，强化学习动机。

5.2.3 形成性评估之组间同伴互评

同伴互评是同伴相互之间给予评分或评语反馈。在外语教学中采用小组合作学习法，可以培养学生与他人有效地交流和合作，建立和谐友好的人际关系和小组氛围，通过共同完成任务培养探索和创新精神，使组内成员意识到同伴文化（Peer Culture）的力量。合作学习的一个重要内容就是成员之间的相互评估。在互评之前，小组每位成员需要先对自己的表现进行自我陈述。通过相互评估增强同伴彼此的沟通，也为检查自己和同伴的学习情况提供机会。

在混合式对分课堂的“帮你我”环节中，同组成员共同互动合作完成组内任务，并完成第三次组内隐性同伴互评。有些任务完成后需要以组为单位在全班呈现，并接受其他小组的互评打分。此时，评价的范围也由小组内部扩展到各组之间，评价由之前的隐性转变为显性。同伴互评最重要的意义是让成员学会公正地对己和对人。在师生讨论共同制定的评价标准中，每位学生给其他小组的多份作品打分并给出评语。例如，“英美文化概况”课程组间互评量表（见表 5-1）由 4 个维度构成，分别是内容材料的准备、英语语音面貌、表述的流畅性和可理解性、呈现方式的创造性。每个维度根据评分标准可以打 0 ～ 4 分，其中 0 分为“未参与互动”，1 分是“可接受”，2 分为“不错”，3 分为“很好”，4 分为“被惊艳”。每位学生对其他小组分维度打分，最后进行总分累计后选出排名前三位的小组。

表 5-1　项目式学习组间互评量表

	1	2	3	4	5	6	7	8	9	10
Material preparation in advance										
Pronunciation in presentation										
Fluency and understanding in presentation										
Creativity in presentation										
Total										

Finally I decide to vote for Group_____, Group_____, Group_____.

My name is ____________________.

According to the four dimensions, record your evaluation and scores to each group.

0—Nothing; 1—Acceptable; 2—Good; 3—Excellent; 4—Amazing

每个小组根据其他小组给予的评估进行自我反思，小组内部将作品调整和完善后再提交给教师。每个小组的最后得分由组间互评和教师评估两部分构成（组间互评占此项总评成绩的40%，教师评估占60%）。强调评价的多主体参与，给予改进机会，小组成员对于项目产出成果的再完善让每一位组员获得提升的可能性和完善的空间。互促的范围不再局限于组内，营造出自我评估与同伴互评相结合、组间互动前行的学习氛围。

5.2.4 形成性评估之组内同伴互评

除了组间互评外，在课程形成性评估系统中增加组内同伴互评，教师制定互评量表（见表5-2），对“亮所得”“考重点”和“帮你我”教学环节中同伴付出的努力进行评估。将同伴之间的隐性评价显性化可以有效甄别出小组内的“打酱油者”和“无投入者”，在组内成员共享分数的同时也承认差异性的存在。组内成员依据4个维度进行打分，即组内讨论之前的准备、互动的参与度、对组内的贡献、是否愿意与他（她）继续同组，每个维度可以打1～3分。最后一个维度把同伴的主观感受放入其中，同时也便于教师更好地了解组员之间的合作关系和感受。组内打分后不需要合计总分，没有排名的压力。

在教学行动研究中，我们发现组内会出现策略性打分的情况，也就是同组成员会策略性地让所有成员的得分相同。为了避免同伴互惠情况，每位学生匿名对同组其他三个成员进行差异性打分，即每个维度1分、2分和3分需打给三个不同的组员。如果哪位学生不按照此规定互评，则需要有文字说明，即给出有说服性的评语。每位小组成员也需要反思自己的表现，对自己的表现给予评估和评语说明。

在课程形成性评估活动的设计中，将自我评估与同伴互评相结合，促使学习者深度参与评估过程，将自我的学习投入和表现与其他同伴相比较，对自我学习进行反思、调整和改进。

表 5-2 混合式对分课堂的组内互评量表

Items	Member 1	Member 2	Member 3
1.Preparation before sharing and discussion			
2.Involvement in sharing and discussion			
3.Contribution he (she) made to your team			
4. The partners I'd like to continue to work with			

5.2.5 教师在自我评估和同伴互评中的角色

在大学英语课程的形成性评估中，教师的作用是多层面的。外语教师既是混合式教学的设计者、管理者、评估者，又是指导者、促进者和支持者。学习者的自我评估和同伴互评都需要与教师评估结合起来。教师要帮助学生认识评估的意义，与学生一起协商确定教学环节中自评和互评的标准，检查学生评估的完成情况和质量，适时地给予每位学生具体的指导和反馈。教师及时收集和整理外语教学线上线下学习数据，对学生的行为、情感和认知数据进行分析和有效评估。尽量将数据可视化，从而让学生看到自己的进步和不足，明确外语学习的发展目标。教师还要及时发现评估中出现的问题，特别是同伴互评的策略性评价这一问题，要进行干预和指导，通过不断改进评估的规则保证评估的公平和公正。通过多种评价方式的结合与学生一起反思外语教学过程，随时调整教学设计和手段，让评估活动真正为外语教学服务。

5.2.6 形成性评估之电子档案袋

电子档案袋（ePortfolios）是由美国技术教育专家Niguidula（1993，1997）在一份报告中首次提出的。他认为，电子档案袋可以改变教学评估的方式，帮助学校更全面地了解学生的能力，是基于过程性数据的一种学业评估手段和评估工具。目前外语教学评价中的电子档案袋并没有统一固定的平台，通常选用社交媒体平台、智慧化教学工具以及单独的电子档案袋平台。

电子档案袋可以提高学习者批判性思维和终身学习的能力，有利于学习者进行同伴互评，及时获取教师的个性化反馈，实现学生与教师之间的良性互动，利用信息技术改进外语教学评估方式，为个性化学习和形成性评估提供便利。

教师对于学习者的评估从关注最后展示转向课程单元过程中所获得的程序性知识。在教学环节中建立电子档案袋，可以在智慧化教学工具的分组任务中实现。成员之间不仅可以对话交流，还可以把空间作为项目进程的记录册。项目进程中需要的文本、照片、音频、视频、PPT、链接等资源都可以存储和记录于此，每一条记录不仅有发出者和上传时间等信息，还会有更改和修正的记录。通过完成项目和任务过程中小组积累的资料和互动协商的数据，全面评价个人或者小组的学习状况。电子档案袋的评价方式是伴随式的，可以客观、真实地反映出学习情况和完成质量，也可以更为公正、全面地评价每个成员或小组的表现。

慕课学习测试增加了线上开放性讨论题，鼓励学生之间进行互评和点赞。形成性评估的多样性可以有效地解决前文提到的混合式教学1.0版本中出现的问题。以教学大数据为驱动的形成性评估为学习分析的深度应用指明了方向。学习分析基于大数据、技术手段全面收集、整合学习者在学习过程中产生的各项行为数据，为教师和学习者准确把握学习状态，洞察教与学的问题，进行多维、全面、可靠的教师评价、同伴互评与自我评估，及时反思并采取行动，改进教与学，以及进行形成性评估提供了持续的、科学的、精细的支持。“英美文化概况”课程成绩评定由终结性期末考试和平时形成性评估两部分组成，具体分值的分配如表 5-3 所示。

表 5-3 “英美文化概况”课程成绩分值分配

<table>
<tr><th rowspan="2">分项名称</th><th colspan="2">平时成绩</th><th colspan="3">期末考试</th></tr>
<tr><th>分值</th><th>具体内容</th><th>分项名称</th><th>分值</th><th>具体内容</th></tr>
<tr><td rowspan="3">线上自主学习</td><td rowspan="3">20 分</td><td>中国大学 MOOC（慕课）学习视频的测试题 10 分</td><td rowspan="7">英美文化概况闭卷考试</td><td rowspan="7">50 分</td><td rowspan="7">填空
单选
判断
简答</td></tr>
<tr><td>单元讨论题与参与互评 5 分</td></tr>
<tr><td>过程性学习笔记 5 分（“亮所得”）</td></tr>
<tr><td>随堂测试（问答）</td><td>5 分</td><td>课堂互动问答和小测（“考重点”）</td></tr>
<tr><td rowspan="3">项目合作学习</td><td rowspan="3">25 分</td><td>（“帮你我” D_1、D_2）师评 17 分</td></tr>
<tr><td>（“亮、考、帮”）组内互评 5 分</td></tr>
<tr><td>（“帮你我” D_2）组间互评 3 分</td></tr>
</table>

5.3 基于学习分析的形成性评估融入混合式教学的行动研究

依据整合技术的学科教学知识（TPACK）的宏观框架，在教学大数据追踪研究中构建大学英语拓展课程的在线学习分析与形成性评估相融合的实施模型，加快用信息技术变革传统外语教学，完善智慧英语的混合教学环境。新冠肺炎疫情期间，教育部提倡利用平台和资源开展线上教学，实施线上线下课程的融合发展。根据大学英语教学实际的新需求，课题组开展了基于学习分析的形成性评估融入在线混合式教学的行动研究。在异步 SPOC 混合式大学英语拓展课程的教学中，依托在线教学数据进行及时的动态学情分析。在行动研究中，形成性评估的融入不断驱动学情诊断、分析和多重教学反馈的实现。

本研究针对“英美文化概况”课程在线混合式教学的具体实践问题，分析在线混合式教学与基于学习分析的形成性评估相融合的理论基础，构建基于学习分析的形成性评估与在线混合式教学融合的实施模式，在混合式教学实践中开展定向型行动研究，通过教学观察，收集和分析教学数据，反思和调整教学方案，进一步评价和检验教学效果。

5.3.1 在线混合式教学与基于学习分析的形成性评估相融合的理论基础

混合式教学是指部分学习活动在线进行，学习者可以自主控制学习的时间、地点、路径和进度，部分学习活动在教师监督的实体场所进行。在线学习和面对面学习需要共同构成一个整合性课程，使学习者获得一种综合性的学习体验。“英美文化概况”课程属于大学英语的拓展课程，根据课程特点和教学目标，以知识为本，以能力为重，既符合学生居家学习特点，又关注学生自主学习能力的培养，实施线上线下课程的融合发展。教师指导学生进行 MOOC 和 SPOC 的课程资源线上学习，同时通过腾讯会议、“学习通”、QQ 等网络平台和工具开展互动直播的混合式翻转教学。

George Siemens（2011）将学习分析定义为测量、收集、分析和报告学习者及其学习状态的数据，以便了解并优化学习和学习发生的情境。学习分析的基础是教学数据的收集，通过分析教学数据来评价学习者的学习状态和学习成果。形成性评估是在教学过程中进行，为促进学习持续提供关于学生学习质量的信息，教师通过描述性反馈，及时反思、调整和改进教学（李清华、王伟强、张放，2014）。Black 和 Wiliam（1998）总结了 250 多个形成性评估的研究，指出形成性评估确实可以提高学习成绩，效应量的范围在 0.4 ～ 0.7 之间，成绩的增长值相当可观。基于学习分析的形成性评估使得教学评价更为科学、系统和智能，进而实现数据驱动下的“以学定教”和“因学定导”。

在线混合式教学是新冠肺炎疫情时期的一种教学方法的创新，优势在于可以采集在线教学数据，进行及时、动态的学情分析。形成性评估的融入将推动学情诊断、分析和多重反馈，教师根据评价信息调整和完善在线教学。学习分析可为形成性评估提供更智能的全过程支持，更为精准地评价学习者对于知识的掌握以及他们的学习行为，进行学习预测，进而评价教学安排的合理性，优化教学，真正实现技术与在线教学的融合，使混合式教学更具有科学性。

5.3.2 基于学习分析的形成性评估与在线混合式教学融合的实施模式

在教学实践中不存在适用于一切情境和条件的形成性评估模式，评价模式的设计和实施应根据此时此地的具体条件进行调整和适应，与时俱进。教学有法，教无定法，创新的在线混合式教学模式与基于学习分析的形成性评估相辅相成，使用在线数据驱动混合式教学，并基于数据持续评价和改进教学。

基于学习分析的形成性评估与在线混合式教学融合的实施模式可以设计为以下几个步骤：1）告知学生单元教学内容和目标，学生在线进行确认；2）直播课开始之前，学生根据每周的教学内容进行线上自主学习，平台全程记录学习行为数据，教师发现问题并进行教学调整、反思和矫正；3）直播课中进行多种形式的翻转课堂，包括边做边评、生讲生评、以练代讲、案例点评、平行互动、生问生答等，平台记录和整理教学数据进行即时和多元反馈，依据反馈数据及时发现教学问题，未达标的学生进行补偿性矫正学习；4）直播课结束后，学生进行在线自主和协作深度学习，拓展课程内容，对在线学习行为和结果数据再次进行评估，判断学生对于知识的掌握程度和其能力素养的提升情况，继而促进在线学习的良性循环（见图5-1）。

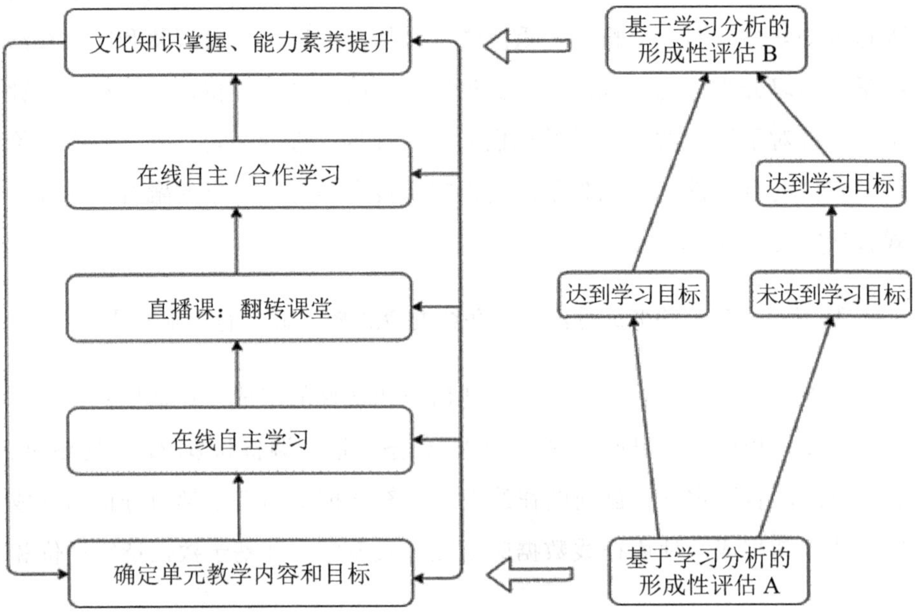

图 5-1　基于学习分析的形成性评估与在线混合式教学融合实施图

5.3.3 在线混合式教学融合形成性评估的行动研究

1. 第一阶段行动研究的实施方案

“英美文化概况”课程开始之前，根据学生居家学习的实际情况以及在线教学对于网络的要求，认识到文化类课程多媒体手段对于实现课程目标的重要性，同时考虑到学生学习的归属感和课程带给学生的感受，本学期的课程采用线上和直播相结合的方式展开，课程的 SPOC 视频资源主要来自中国大学 MOOC（慕课）国家精品在线课程以及笔者录制的教学视频，学生也可以查看电子版教材和教学 PPT。教师首先在班级 QQ 群、“学习通”以及中国大学 MOOC（慕课）平台发布单元教学目标与教学内容。视频等教学资源可以在中国大学 MOOC（慕课）平台查看，学生完成课后练习和单元测试，后台收集学生的观看记录与成绩数据。直播课在腾讯会议中进行，主要采取探究式学习和任务式互动形式。第一周，教师首先对本周学生线上自主学习的情况进行反馈和讲解，并通过小测验再次检验自主学习的效果，以练代讲，帮助学生了解单元基本知识。根据测试的数据结果有针对性地进行重、难点分析和讲解，加深对英语语言和文化的理解。通过设计问题情境，进行师生和生生的线上讨论，提升学生的英语语言的表达能力，进行跨文化交际意识和国际视野的培养。依据单元内容布置课后的自主学习拓展与小组合作任务（根据课前问卷调查，遵循组内异质、组间同质与线上自愿组队的原则），并在下一周直播课上进行汇报和展示，培养学生信息搜索、批判性思维、解决问题与线上协作沟通的能力。第二周直播课由两个环节构成：一是创造性的主题汇报展示，每个小组选举一名代表进行在线汇报；二是集体互动讨论和评价，围绕汇报内容进行线上留言提问，展示组的成员负责线上解答或连麦互动。

（1）初步观察和发现问题

在课程开始之前，笔者已经对 155 名选课学生进行了线上自主学习和直播课的技术指导和课前培训，并且将课程的教学目标、教学内容、考核方式以及每周的教学流程详细告知。前两周课程学生直播课签到率为 100%，慕课自主学习线上测试完成率为 100%，学生平均得分为 97.8 分，自主学习效果、到课率和完成率都非常令人满意。展示者运用屏幕共享 PPT 或者视频巩固了单元知识点，拓展了单元主题，对于汇报小组整体完成质量笔者比较满意，但同时形成性学习分析数据也显示出在线混合式教学中出现的问题。

第一，第一周慕课自主学习总时长为 29 分钟，后台数据显示课前慕课实际完成学习任务（完成总视频长度的 95% 以上，即达到或超过 28 分钟）的学生仅为 67 人。也就是说，事实上只有 43.2% 的学生完成了全部的慕课学习。在对自主慕课学习的再次测试中，学生平均得分为 68.1 分，正确率明显低于线上自主学习测试，在自主学习高完成率和高正确率的表象下，自主学习中存在相当比例的虚假学习情况。视频和测试的提交时间集中于截止日期前的 1 ～ 2 天，不符合线上随时随地分散学习的特点。

第二，最初为了鼓励学生进行线上形成性自我评估，慕课测试题允许做三次，系统以其中一次的最高分为最终得分。学习分析数据显示，最终测试满分的学生中有 29.7% 是在第三次全部答对，但数据中只有其中 2 名学生的慕课视频学习反刍记录。

第三，对于重、难点内容的随堂提问以及对学习内容的理解深入讨论，师生互动交流效果不理想，绝大多数学生并不喜欢在线出镜或者主动连麦，且一对一连麦反应费时。在二维在线学习环境反馈中，教师很难甄别出直播课全程参与者和无智力投入者。在小组汇报后的全班互动讨论和问答中，同组的成员对于汇报的内容似乎并不了解，教师对展示者之外的学生的投入情况难以判断。从学生的在线留言和反馈可以看出，相当比例的学生处于直播课游离的学习状态。皮尔逊相关分析显示，线上直播主动交互（弹幕和 QQ 留言）的次数与测试得分之间具有中度正相关关系（r=0.49，$p < 0.05$）。r 值在中度相对区域里的数值很低，原因为线上弹幕（QQ 留言）属于师生之间的主动交互，而有些学生不善于线上交流和表达。数值反映出不同学生线上学习习惯的不同，有些学生虽然线上互动反应很积极，但仍很难确认其学习情况如何。

（2）教学反思

针对观察和发现的问题，笔者进行了教学行动反思。第一单元教学完成之后，在线学习情况和感受的问卷调查数据显示，80.7% 的学生表示不愿观看或不愿完整观看慕课视频。通过与学生的在线访谈，笔者了解到存在线上虚假学习的主要原因为以下几点：1）很多学生过去未经过系统的在线学习，目前还不适应线上慕课这种自主学习方式；2）学生对于线上慕课资源的学习印象不深，很难抓到重点和要义；3）一些测试题在网上可以搜索到答案，学习者往往不愿再回看学习；4）33.5% 的学生认为完成每周的任务比较困难，新冠肺炎疫情期间绝大多数课程实行在线慕课教学、线上作业和线上评测，这使得学生的线上学习认知负担加重。

笔者意识到在线混合教学确实存在理想和现实的差距，教学要尊重现实学情，学生线上自主学习能力要循序渐进地培养，不可操之过急。从心理学角度讲，口语与听觉通道是相匹配的，慕课视频生动、灵活，可以与表情、神态与肢体语言相配合，直接传递冲击力强，但是口语表达内容的精确性和系统性确实远不如书面材料，所以学生在观看MOOC视频后不易掌握知识的框架，更愿意选择课前观看教学PPT等文本，认为这样更高效省时。教学有法，教无定法，没有任何一种万能的方法可以“翻转”所有课堂，每一个翻转课堂都应该是独一无二的，教学行为要依据当前的教学环境。多数学生反馈听老师直播讲授更真实、更有情感、更系统。教学应该根据学情的变化和学生的实际需求进行调整，以保证学生以合理的投入完成学习任务，提升线上学习的成就感。笔者进行混合式翻转课堂比例调整，将音、视频内容与文本内容进行线上重新分配，尽可能压缩视频时长，对于线上（网络资源）和线下（教师讲授）的比例进行改进，教学方式调整为线上部分翻转教学，即一种新的后翻转课堂模式，也就是本书第3章中的混合式对分课堂模式。

线上自主学习形成性评估中应根据当时当地的情况而调整和完善，结合在线软件的技术和特点，形成性评估贯穿始终，增设学生的自我评估，将自我评估与自主学习相结合，让学习者反思学习成果和质量。虽然同伴之间的信任和公正的互评需要长时间培养，但学生的合作意识和创新能力可以通过设计简单的在线活动逐步得到锻炼。对于合作学习的过程可以建立电子档案袋，记录小组活动中每位成员的付出以及小组成果的动态发展，使得教师对于每位成员的评价更为科学、准确，同时也促进成员进行自我反思和同伴互助。对于在线慕课学习的形成性评估可增加半结构化作业，通过设置开放性讨论题对学习效果进行考核。

2. 第二阶段行动研究改进后的实施方案

（1）方案的调整

调整混合式翻转课堂的模式，课前不要求MOOC视频的学习，可通过PPT文本简单预习将要讲解的内容，保证学生能够以合理的负担和投入完成第一步的学习。直播课中教师进行引导性知识讲解，讲授章节内容的框架、脉络、关键点和难点，让学生了解本章主要学习什么、为何学习以及如何学习。进行精讲和留白，让学生带着任务进行自主填空式学习，完成学习内容的覆盖。课后学生带着问题和任务学习 MOOC 视频和电子教材，查阅网络资源，完成对本章内容的深度递进和内化吸收。将原本课前的慕课学习内容置于教师导入之后，在教师讲授之后进行慕课自主学习、阅读、独立思考、完成作业和项目，保证学生对于基本内容的理解，同时也为完成项目作好铺垫和准备。

完善在线驱动的形成性评估体系，要求学生提交单元自主学习笔记（根据完成情况、学习态度和创新性三个维度来评判：1 分为笔记形式不限，内容相关即可；2 分为态度认真，笔记内容完整；3 分为笔记有新意或创意）。增加同伴互评，在减少慕课后答题次数的同时（减至两次），增加线上开放性讨论题，要求学生进行互评留言，并可以点赞。建立小组合作线上档案袋，成员之间不仅可以互动交流，还可以把空间作为项目进程的记录册，项目中需要的照片、音频、视频、PPT 等资源都可以存储和记录于此。组内成员需共同思考的问题包括想要完成什么，我们已经做了些什么，我们还需做些什么，接下来如何能够做得更好等。增设学生的自我评估，课前设定单元学习目标清单和评价量表，鼓励学生进行逐项自我评估，全部完成者在线上文档中填写完成（腾讯文档可多人协作，便于同侪互促）。教师对于小组集体项目展示的评价也从只关注最后展示转向学生在深度思考中所获得的程序性知识。根据平台上的数据记录，教师会对每位参与者进行过程性评价。

调整线上直播课堂互动，根据直播教学平台的技术特点，用其长避其短，鉴于点对点互动交互效率低，增加一对多的互动交流。线上提问时每次两名学生参与回答问题，课堂限时小测，增加被动型交互，根据即时反馈数据进一步给予一对一的交互机会。直播作业和提交改为音、视频上传，这样便于教师对于学生的真实学习状况进行评价和反馈。

（2）教学数据收集和分析评价效果

在对于混合式教学行动方案调整后，据教学后台的统计数据，每次课前查看将要讲解内容 PPT 文本的学生占 91.6%，课后平均慕课观看反刍比为 198%，最高反刍比达到 912%，平均观看时长为慕课总时长的 2.3 倍，慕课线上测试完成率为 98%，平均得分为 95.8 分。课前和课后内容重新切割之后，学生在预定的时间内能够更高质量、更投入地完成自主学习。学生对于慕课视频的反刍比与之前相比明显提高，说明教师精讲留白和引导式讲解激发了学生的线上学习兴趣，线上自主学习的动机明显增强。

在学生课后过程性笔记几次平均质量评价中，0 分占 2.6%，1 分占 32.3%，2 分占 39.4%，3 分占 25.8%。随着教学单元的推进，学生笔记的完成质量出现逐渐上升的趋势，提交形式呈现多样化（包括图片、电子笔记和思维导图等），提交时间也相对分散，符合线上自主学习的特征，后台数据显示出学生对笔记不断完善后的多次提交记录。小组合作线上电子档案的内容不仅包括文字，图片，PPT 和音、视频，还包括成员之间的聊天记录等过程性信息。每个小组的记录方式也呈现多样性，有以时间轴记录，有以分工记录，所有信息的录入皆形成时间数据。教师会依据数据记录，在小组进展不顺利时给予适时的帮助和指导，为线上合作学习提供必要的脚手架，鼓励学生去尝试线上解决问题，培养学生的高阶思维能力和团队合作意识。在电子档案袋数据中，可以清晰地看到单元展示项目从最初的构想到一步步成熟的过程。

为更多地了解学生对于调整后教学模式的态度，对于 155 名学生进行了线上匿名问卷调查，回收有效问卷 151 份，结果显示，79.5% 的学生认为调整后的线上学习任务量较之前更适合，76.8% 的学生认为改变后的教学模式比之前更高效、更省时，85.4% 的学生认为过程性学习笔记的提交可以强化有效学习，86.1% 的学生表示线上电子档案的建立使得同伴之间的线上合作更有归属感和共同努力的成就感。在直播项目展示中，同组成员对于单元项目内容的了解度和参与度皆明显高于以前。这表明教师根据学情的变化重新设计的混合式外语教学模式和形成性评估的接受度很高，调整后的教学与评价符合线上学习特点和需求。

“英美文化概况”课程考试结束后，对于直播课上测试答题得分与期末考试成绩进行皮尔逊相关分析，结果显示两者具有高度相关性（r=0.78，$p < 0.05$）。这表明线上直播课堂可以反映学生的真实学习状态。

对比相同学院的实验班学生 190 人与传统班学生 188 人的期末考试成绩，尽量避免由于学院不同所导致的结果差异，以最大信度保证数据结果的可比性。对比数据的定量分析使用统计软件 SPSS 24.0，独立样本 t 检验结果显示，实验班与传统班授课方式不同，所教授班级的期末成绩有显著差异（t=8.490，df=359.12，$p \leqslant 0.05$）。当“英美文化概况”课程融入基于学习分析的形成性评估时，期末成绩显著高于传统班（MD=6.61）。这表明混合式教学的过程性评价能有效调动学生的学习动机，激发学生的学习热情，使得学生愿意投入更多的时间和精力学习。

5.4 形成性评估与学习者情感

教育教学评估进入多元化时期，评估决策转向以人为中心，关注学习者的内在需求和情感体验。线上线下的形成性评估与混合式教学的融合不仅要考查混合式教学的学习效果，将学习者的学习感受和体验作为形成性评估的重要指标，而且要进一步探讨学习者的情感与形成性评估活动之间的关系。

5.4.1 关注学习者线上移动学习中的情感体验

21 世纪以来，应用语言学领域中认知与情感动态交互的研究快速发展，已逐渐打破了认知主义独大的局面。特别是随着心理学研究出现的积极转向，已从过往聚焦心理缺陷转向关注积极心理要素。积极心理学（Positive Psychology）兴起于 20 世纪 90 年代，作为心理学的一个新兴领域和重要分支受到众多学者的关注。积极心理学的研究与实践致力于识别和理解人类优势和美德，帮助人们发展全面蓬勃的人生。Seligman 和 Csikszentmihalyi（2000）明确提出积极心理学研究的三个核心：主观层面的积极体验、个体层面的积极特质以及集体层面的积极环境。每个人都有在积极的学习环境中获得积极体验与自我提升的动机和愿望，学生更是如此。教育部高教司司长吴岩（2020）指出，在改变学生学习方式的同时，要提升学生的学习获得感。

目前混合式教学中线上学习的主要载体是移动手机，在近十年移动学习对于学习成效的影响综合分析中，移动学习对于外语学科具有显著的正向促进作用（王辞晓、董倩、吴峰，2018）。外语学习适合利用模块化知识片段更新和补充学生现有的知识体系，同时移动学习具有交流和反馈的即时性，每一分钟都有未开发的潜能。自我的积极体验一直是外语教学实践的一个重要标准，线上移动学习具有成为外语学习积极体验和积极品质提升最佳环境的潜力。但目前外语移动学习的研究主要关注学习的认知和策略层面，在一定程度上忽略了移动情境对于学习者积极情感、情绪和品格培养的效力，漠视了学习者对于在线移动学习环境构建的能动性。国内外积极心理学在外语教学领域的相关研究中对于集体环境层面的关注目前非常缺乏（江桂英、李成陈，2017），特别是对于移动学习情境下的研究更是乏善可陈。

5.4.2 外语阅读中的积极情感体验——心流

本节拟在积极心理学视角下考查大学英语移动阅读中的心流（Flow）体验，探讨影响心流的移动环境因素。

积极心理学中的积极主观体验主要包括幸福、愉悦、感激、心流等正向情绪体验和感受，这些心理主题在外语教学中发挥着重要的作用。心流的概念由 Csikszentmihalyi（1990）开创性提出，是指人们对于某项活动或事物所表现出全神贯注的兴趣，并能推动个体完全投入其中，同时伴有非常满足的一种情绪体验。心流也被称为最优化体验（Optimal Experience），沉浸此心理状态中的人可以同时感受高效的认知、极大的能量以及深刻的愉悦（Moneta、Csikszentmihalyi，1996）。能够产生心流状态的活动需要包括以下 9 个特征（Csikszentmihalyi，1997）：1）目标明晰；2）挑战与技能相平衡；3）及时反馈；4）注意力高度集中；5）当前活动可控；6）不易受到干扰；7）自我意识消失；8）时间体验失真；9）个体自带目的性体验。上述心流的产生条件可以分为心流的活动设计要素（对应 1 ～ 5）和构成心流体验的要素（对应 6 ～ 9）两个部分。心流理论应用在教学中最重要一点是产生最优化体验的活动设计（Csikszentmihalyi，1990）。虽然心流属于个体的心理体验，但并不会独立产生，需要依赖学习者个体特征和教学环境要素的共同作用，甚至依赖环境中其他参与者和学习者（Egbert，2003）。

阅读一直是全世界公认能带来乐趣的活动，同时也是最易体验心流最优化状态的活动之一。在阅读活动中，学习者体验心流的时候也是语言习得最高效的时刻（Krashen，2011）。McQuillan 和 Conde（1996）通过对儿童和成人的访谈以及 76 名大学生和教师的问卷调查，指出小说类文本更易使本族语读者产生心流，同时阅读材料的趣味性、读者本人对于文本价值的判断、文本的自选性以及阅读技巧与挑战的匹配等因素都是促使心流产生的活动要素。

21 世纪初，学者们开始关注心流在二语习得领域的研究。Egbert(2003）验证了二语学习者在课堂环境中可以体验心流。教师设计心流的活动要素包括挑战与技能相平衡、注意力高度集中、兴趣、可控感等，可以通过对于教学活动的设计激发学习者心流的产生和体验。在二语阅读的相关研究中，de Burgh-Hirabe（2011）、Judge（2011）也验证了学习者在二语阅读中存在心流或类似心流的体验。Kirchhoff（2013）在二语阅读教学中对于产生心流的活动设计进行了适切性调整，指出绝大多数学习者在阅读活动中产生过心流或类似心流的体验。但研究并没有发现阅读心流发生的频率与学习者投入阅读的时长存在相关性，表明单独的积极阅读体验未必增加学习者在课内和课外的阅读时长。

目前心流与二语阅读的绝大部分研究都是以产生心流的普遍要素为基

础来设计阅读活动的，很少从激发二语阅读动机的角度来完善阅读学习活动设计，如二语阅读中的合作因素作为阅读动机激发因素之一在心流活动中的研究就非常罕见。可能是因为二语阅读常发生在课外，在时间和地点等因素上无法支持团队合作阅读，而心流理论本质上强调的是个人与环境的交互和融合。在线移动学习情境下的外语阅读满足了心流体验所需要时间和地点的自主性与可控性等特点。移动工具支持学习者随时随地地交流和互动，为二语阅读心流的研究提供了新支持，也拓展了在线移动情境下二语阅读的进一步研究。

5.4.3 移动外语阅读活动心流体验的操作框架

阅读中心流是基于学习者、学习任务、学习环境三个因素所产生的复杂现象。关于移动外语阅读活动心流体验的操作框架如图 5-2 所示。

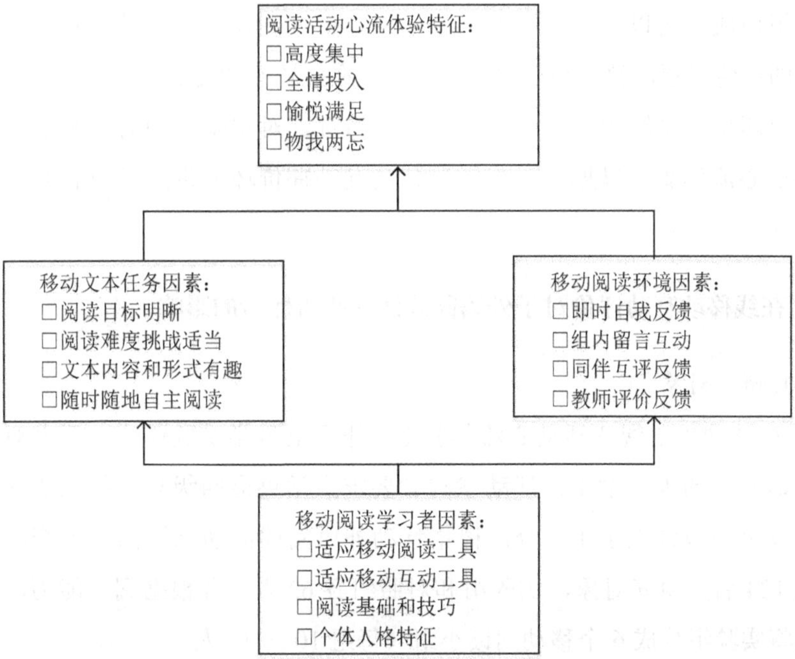

图 5-2　移动外语阅读活动心流体验框架

第一步，确定移动情境心流产生的学习者。进行移动阅读背景调查，学习者对于移动阅读工具以及移动平台的适应是学习者的技术准备。以大学英语四级总成绩和阅读分项成绩为参照，基于自愿原则确定适合参与此活动的学习者。

第二步，制定移动文本任务。明确阅读活动的目标，文本的难度要与学习者能力相匹配。文本来自中短篇英文小说，以移动媒体形式呈现，在文本的背景、色彩、配图、字体等方面努力营造与小说内容相匹配的情境。每日除了小说文本阅读外，还配有讲解文本，以便学习者深入理解。参与者可以选择每天任何时间和地点进行移动阅读。

第三步，增加移动阅读的环境因素。在每天阅读文本后，实验组学习者需在移动阅读平台上完成即时自我小测和反馈，形式是与文本内容相关的选择题。在平台集体讨论中，实验组可以根据当天的阅读内容发表自己的看法和感受，支持语音、文本、图片或视频等任何形式的开放性留言讨论，组内成员可以在讨论区互动和点赞，进行同伴互评反馈。对于阅读中出现的任何问题，教师和组内同伴都可以在此解答和交流。

第四步，总结阅读活动心流体验的特征。对实验组和对照组参与者在线测试心流体验，以期进一步解释移动互动评价环境带给学习者心流体验的差异。

5.4.4 在线移动互动评价对于外语阅读活动心流体验的影响

1. 研究对象

在移动外语阅读活动心流体验框架下开展教学实验研究，研究对象是非英语专业的大一学生，活动参与者要求大学英语四级总成绩高于 425 分且阅读单项成绩大于 174 分。根据移动外语阅读活动意愿问卷调查，最终确定 124 名为研究对象，实验组和对照组各 62 人，并根据阅读能力、性别比例将实验组分成 6 个移动阅读小组（每组 10 ～ 11 人）。

2. 研究工具

（1）移动阅读意愿调查包括移动阅读背景调查、文本选择以及参与活动的意愿。

（2）移动阅读心流测量问卷基于目前最广泛的 Jackson 和其团队编制的心流状态量表，结合移动阅读的特点自编而成（6 个题项），采用李克特量表计分。

（3）阅读心流产生的移动环境影响因素问卷包括阅读文本（6 个题项）、组内留言互动、即时自我反馈、同伴互评反馈和教师评价反馈 5 个维度（后 4 个维度各 3 个题项）。

（4）实验结束后对 20 名学生进行面对面访谈，被访谈者从心流问卷中不同选择区间的学习者中选出。

3. 研究问题

（1）在移动外语阅读环境中，合作阅读的学习者是否会更易感受到心流体验？

（2）在移动外语阅读环境中，影响阅读心流体验的移动环境因素有哪些？

4. 研究过程

（1）根据移动阅读意愿调查，从趣味性、多样性以及词汇难度方面确定阅读文本。根据英语阅读分级指南针对文本进行分析，超出大学英语四级词汇的比例为 3.14%，可以初步判断活动选用的文本适用于此级别的阅读者。

（2）对实验组和对照组的四级分项阅读成绩进行独立样本 t 检验（$p>0.05$），两组初始阅读成绩没有显著差异。

（3）指导参与者使用云班课平台进行每日阅读，并熟悉讨论和分享等功能的使用。

（4）对照组成员计划完成移动文本阅读，实验组成员除了完成文本阅读，还需进行组内互动活动。

（5）实验周期为四周，参与者每两天在线填写移动阅读心流测试问卷。

（6）实验结束后，实验组学生填写移动阅读心流环境影响因素问卷，并根据问卷数据对部分学习者进行一对一访谈。

5. 研究结果和讨论

（1）移动阅读心流测量问卷结果与讨论

学习者每两天填写在线移动阅读心流测量问卷，共进行 14 次心流测量。根据李克特量表统计，每人每次参与的心流测量值 *Mean* > 3 时，确定其经历了类似阅读心流或阅读心流的体验（Flow-like or Flow Experiences）。实验组和对照组体验阅读心流的人数对比如图 5-3 所示。

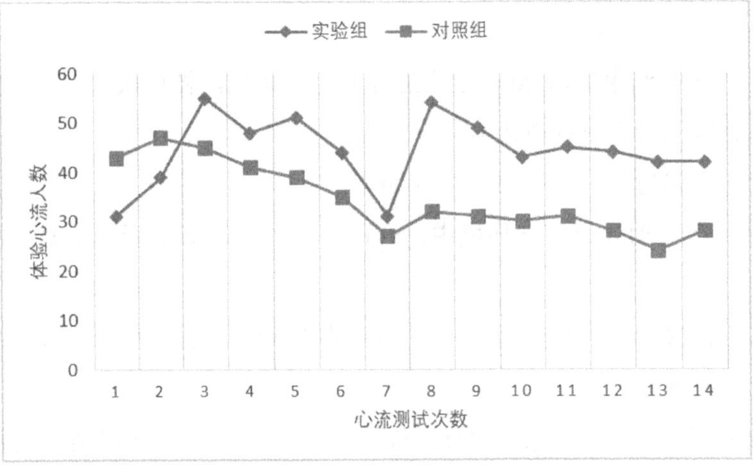

图 5-3　实验组和对照组移动阅读心流人数对比

图 5-3 显示，实验组每次都有超过半数的阅读者在移动阅读的过程中体验过心流，第一次测量人数较少。原因可能为活动开始之初学生需要对阅读活动步骤和成员进行了解，熟悉的过程分散了学习者的一部分注意力。但成员很快就适应了移动环境，最高值出现在第三次测量，表明与外语知识相关的新异信息更易激发学习者的参与兴趣。大学生对于移动工具阅读和移动情境下的小组互动阅读可以很快适应。第七次测量人数最少，原因可能是活动期间正值校庆，线上通知和线下活动密集，占据和分散了参与者的精力和时间。与实验组的渐入佳境相比，对照组感受心流体验的人数

是逐渐下降的，最高点是第一次测量，最低点是第十三次，表明移动文本带来的新鲜感和愉悦感不能持续地使学习者沉浸其中。

独立样本 t 检验结果显示，实验组与对照组在移动阅读心流体验的人数有显著差异（$t=3.545$，$df=26$，$p < 0.05$）；移动合作阅读小组中体验心流的人数显著高于只阅读移动文本的对照组（$MD=9.79$）（见表 5-4），表明参与者心流的体验确实与移动互动和评价活动密切相关。

表 5-4　移动阅读实验组和对照组心流体验人数差异

	实验组（n=14）		对照组（n=14）		MD	t（26）
心流体验人数对比	M	SD	M	SD	9.79	3.545*
	44.14	7.25	34.36	7.35		

注：$^*p < 0.05$。

（2）移动阅读心流产生的环境影响因素问卷结果与讨论

为考察影响移动外语阅读心流产生的环境因素有哪些，本研究收集了实验组 62 名学习者移动阅读心流体验、文本特征感受、移动阅读活动组内互动、即时自我反馈、同伴互评反馈与教师评价反馈 6 个维度的信息。因变量为移动阅读心流体验，采用多元回归分析，主要考查包括文本特征感受等 5 个维度的自变量能否解释移动阅读心流的产生。

经 SPSS 26.0 软件分析，所用数据满足多元线性回归统计前提假定（见图 5-4），预测变量与因变量显著相关（见表 5-5）。强制回归结果显示，预测变量中除组内留言互动和教师评价反馈之外，其余三个变量对于移动阅读心流体验具有良好的预测作用（见表 5-6）。R^2 为 0.625，即文本特征感受、即时自我反馈和同伴互评反馈三个变量的组合能解释移动阅读心流 62.5% 的变异。表 5-6 显示，文本特征感受（$Beta$=0.401）和同伴互评反馈（$Beta$=0.352）的标准化回归系数列前两位，这表明学习者主观感受越积极就越容易产生阅读心流。标准化回归方程：移动阅读心流体验 = 0.401× 文

本特征感受 + 0.021× 组内留言互动 + 0.219× 即时自我反馈 +0.352× 同伴互评反馈 +0.078× 教师评价反馈。

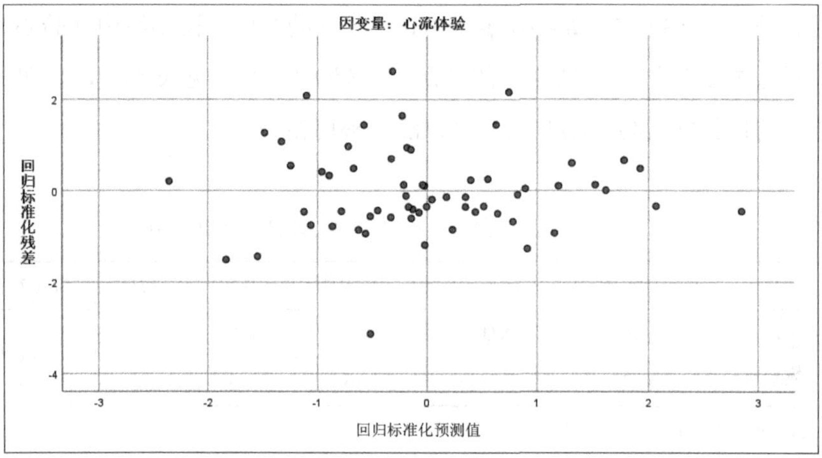

图 5-4　多元线性回归预测变量与残差关系图

表 5-5　变量描述统计量及相关矩阵（$n = 62$）

变量 *M*		描述统计量		相关矩阵				
		SD	1	2	3	4	5	
因变量	移动阅读心流体验	3.41	0.81	0.685*	0.503*	0.344*	0.694*	0.258*
自变量	文本特征感受	3.26	0.63	—	0.606*	0.087	0.664*	0.232*
	组内留言互动	2.90	0.80		—	0.218*	0.458*	0.374*
	即时自我反馈	3.80	0.52			—	0.231*	0.044
	同伴互评反馈	3.06	0.75				—	0.199
	教师评价反馈	2.80	0.98					—

注：$^*p < 0.05$。

表 5-6　多元线性回归结果摘要表（$n = 62$）

变量		R	R^2	Adjusted R^2	F（5，56）	*Beta*	t（62）	Tolerance	*VIF*
因变量	移动阅读心流体验	0.791	0.625	0.592	18.697				
自变量	文本特征感受					0.401	3.216*	0.430	2.323
	组内留言互动					0.021	0.194	0.548	1.824
	即时自我反馈					0.219	2.546*	0.901	1.110
	同伴互评反馈					0.352	3.122*	0.526	1.901
	教师评价反馈					0.078	0.884	0.856	1.168

注：$^*p < 0.05$。

在移动外语阅读活动中使学习者发生心流体验的最主要预测变量是移动文本特征。文本是阅读活动最重要的载体，对于移动媒体文本的设计要营造与小说内容相匹配的情境，因此最容易使学习者沉浸其中。而移动阅读合作中的留言互动带给学习者的挑战可能与学生预期投入的精力与时间不相符，阻碍了心流产生。我国二语学习者倾向于在低挑战、高技能的条件下体验更高的内在动机水平。虽然研究者在文本的设计中考虑了这一点，但学习者对线上互动的投入却远远不如对文本阅读的重视，当学习者收到阅读互动活动中的同伴反馈时，同伴之间互动和认可的成就感、满足感又与心流体验交织在一起。即时自我反馈是学习者对于移动自主学习形成性的自我肯定，相比教师反馈的延时性，移动即时无压力的自我反馈更容易使移动阅读者产生心流。

（3）访谈结果与讨论

实验结束后，笔者对 20 名参加移动合作阅读的学生，在明晰心流概念和体现的前提下进行面对面的访谈，并对访谈的内容进行整理、分类和分析。

当被问到什么样的移动外语文本使你最容易投入，达到忘我，感受到阅读心流时，学生的回答：① 阅读文本难度小些会更易产生心流，超过一半的受访学生提到了每日文本的长度可以缩短些，300 ～ 400 字左右会更有益于阅读活动每日心流体验的持续性；② 当文本内容包含新的信息或者不熟悉的情节时，有助于维持阅读心流，如“这次活动的小说我之前听说过，但没有读过，这样边读边期待，感觉可以一直很投入”（A 同学）；③ 中文和英文文本可以交替配合，如“我读完平台的英文小说后，会在网上找到中文译本再读一遍，阅读的过程依然可以很投入，有些与我之前理解不一样的地方，我会再去读原本”（B 同学）。

当被问到哪个阅读互动环节最投入和满足时，学生的回答：1）每日阅读后的自我测试。虽然之前的研究表明，反馈可能打破学生对于语言习得的心流，但因为移动阅读活动的复杂性，文本阅读后的反馈本身可能使学习者再次产生心流，持续性的心流是在连续的阅读活动中发生的。心流活动与参与者所接受的文化密切相关，我国学生对于二语习得深受测试文化的影响，所以习惯在反馈活动中对于外语阅读文本进行二次解码，并完全可以投入其中，这就可以解释为什么即时自我反馈有助于生成阅读活动心流。2）每日同组成员的互评。组内互评中的点赞和留言是受访学生特别关注的阅读活动，因为小组内的成员并不在同一个班级，所以参与者很希望可以在半虚拟式移动小组中重新开始自己的二语阅读经历。同伴的回复一般比教师回复及时，同侪互动所带来的心理满足是其他活动所不能相比的，如“每次只要有同伴给我点赞，我都会认真回看自己当时的留言，如果有人留言，我也会再回复”（C 同学）。

在被问到移动阅读过程中什么时候或者哪些环节会让注意力分散而无法投入阅读活动中时，学生的回答：1）当阅读过程被移动信息打断后一般很难继续阅读；2）虽然能适应移动情境阅读，但是在外部学习环境的选择上还是固定在熟悉的一两个地方，相比而言，在移动阅读的时间上更具有灵活性；3）如果文本太长，认知难度大，会让学习者感到焦虑而不易投入阅读。

从积极心理学视角出发，本节探讨了移动情境下的阅读活动对于学习者积极情感中心流的效力，构建了移动外语心流体验的操作框架，并进行数据分析和验证，发现在线移动合作阅读组有心流体验的人数显著高于传统阅读组。在多元线性回归分析中，学习者文本特征感受、同伴互评反馈与即时自我反馈，这三个变量的组合能解释移动阅读心流体验的生成。

5.5 小结

混合式教学是一次充满变化的旅程。线上线下教学生态环境中，教师洞悉学习分析促进学习的作用机制，利用教学过程性数据调整和改进形成性评估，进一步关注学生集体和个体学习反馈。通过多数据点记录和分析学生的学习和成果，使教学评价更为多样、科学和智能，进而实现数据驱动下的外语教学“以学定教”和“因学定导”。在大学英语行动研究中，教师通过教学观察和学习数据分析进行教学反思，丰富形成性评估形式，应用多主体评估的结果及时、不断地调整混合式教学的内容、方法和进度。利用学习分析数据优化和创新教学模式，提升混合式教学的质量，增强学生的学习动机，赋能外语教学，完成数据驱动下教学改革的螺旋上升。建议今后对于相关外语研究进行更多的多模态数据的挖掘和分析，尝试将基于学习者情感变化的数据用于学习分析中，特别是大学英语课程思政评价体系的建设。

随着外语教学领域中学习者情感研究多元化主体的涌现，本章基于移动教学平台，将积极心理学中的心流理论应用于移动外语阅读，构建移动外语心流体验操作框架。研究结果显示，移动外语阅读者的心流体验与形成性评价活动密切相关，学习者对于同伴互评反馈与即时自我反馈的心理感受越积极，就越容易产生阅读心流体验。研究也发现二语阅读心流体验与学习者的文化因素有关，其中测试文化使学习者对于阅读文本的二次解码与积极情感的关系还有待进一步验证和研究。

附录

移动阅读心流测试问卷

采用李克特量表计分，分值分别为1（非常不符合），2（符合），3（不确定），4（符合），5（非常符合）。

1. 进行移动文本阅读时，我可以完全专注其中，不受外界的干扰。
2. 在移动阅读文本活动中，我感觉时间流逝得总是比较快。
3. 每日移动阅读活动对我有挑战，但我通过努力可以完成。
4. 我愿意为移动阅读活动设定的目标而付出课外时间和精力。
5. 我可以决定移动阅读的时间、地点、步调以及与谁进行移动交流。
6. 在移动阅读过程中，我会感到兴奋，同时对第二天的阅读活动充满期待。

阅读心流产生的移动环境影响因素问卷

采用李克特量表计分，分值分别为1（非常不符合），2（符合），3（不确定），4（符合），5（非常符合）。

维度版

阅读文本：

1. 移动阅读文本中的背景和色彩会引发我对于文本阅读的兴趣。
2. 移动阅读文本中的配图会激发我对于文本阅读的想象力。
3. 移动阅读文本中的声音和相关视频可以让我更为投入地进行文本阅读。
4. 移动文本的内容让我每天对阅读充满期待。
5. 移动阅读文本难度对我有一定的挑战。
6. 我可以完成每日规定的移动文本阅读量。

组内留言互动：

1. 我非常愿意通过组内留言互动分享移动阅读体会和感悟。

2. 组内成员有关阅读体会和感悟的留言会让我感到焦虑和压力。

3. 每次组内留言互动都会让我感到很兴奋。

即时自我反馈：

1. 我会根据即时测试结果与同伴互动留言，对自己的表现作出自我评估。

2. 对于每次阅读测试错误的题项，我会重新进行移动文本阅读去寻找错误原因。

3. 我希望通过即时测试来考核自己对于移动阅读材料的掌握。

同伴互评反馈：

1. 我会仔细阅读和思考组内同伴的线上留言。

2. 对于组内同伴的线上评价，我会进行自我反思并给予回应。

3. 我期待自己的线上留言被同伴关注并给予回复。

教师的评价反馈：

1. 我不期待老师的线上反馈和评价。

2. 老师的线上反馈和评价会激励我更投入地进行移动阅读。

3. 我会对老师的反馈和评价进行积极回应。

实测版

1. 移动阅读文本难度对我有一定的挑战。

2. 我可以完成每日规定的移动文本阅读量。

3. 我非常愿意通过组内留言互动分享移动阅读体会和感悟。

4. 组内成员有关阅读体会和感悟的留言会让我感到焦虑和压力。

5. 我希望通过即时测试来考核自己对于移动阅读材料的掌握。

6. 我会仔细阅读和思考组内同伴的线上留言。

7. 移动阅读文本中的背景和色彩会引发我对于文本阅读的兴趣。

8. 对于组内同伴的线上评价，我会进行自我反思并给予回应。

9. 我期待自己的线上留言被同伴关注并给予回复。

10. 我会对老师的反馈和评价进行积极回应。

11. 每次组内留言互动都会让我感到很兴奋。

12. 我不会期待老师的线上反馈和评价。

13. 移动阅读文本中的配图会激发我对于文本阅读的想象力。

14. 老师的线上反馈和评价会激励我更投入地进行移动阅读。

15. 移动阅读文本中的声音和相关视频可以让我更为投入地进行文本阅读。

16. 移动文本的内容让我每天对阅读充满期待。

17. 我会根据即时测试结果与同伴互动留言，对自己的表现作出自我评价。

18. 对于每次阅读测试错误的题项，我会重新进行移动文本阅读去寻找错误原因。

（注：其中第 4 题和第 12 题为否定表述）

访谈提纲

访谈目标：进一步了解移动阅读心流产生的行为和体验，进而分析影响移动阅读心流产生的其他文化和社会原因。

访谈人员：20 名参与移动合作阅读的学生。

访谈形式：在参与者明晰心流概念和体现的前提下的一对一访谈。

访谈内容：

1. 什么样的移动外语文本使你最容易投入，感受阅读心流？

2. 在哪个阅读互动环节你最投入和满足？

3. 移动阅读过程中，什么时候或者哪些环节会让你注意力分散而无法投入阅读活动中？

第6章　大学英语混合式教学的教法学基础篇

在前面的章节中介绍了混合式外语教学发展演变的三个阶段：使用信息技术与智慧化教学工具的在线技术应用阶段，突出外语教学策略和方法的教学整合阶段，以及以学生为中心、强调对于混合式教学再设计的多元融合阶段。第三个阶段旨在改进和提升学习者的学习体验，为学习者创设一种真正高度参与、个性化的外语学习体验。第三阶段的多元融合混合式教学的“融合”旨在打破线上线下时空分配的明显痕迹，利用线上和线下外语教学的优势构建符合外语课程学习的情境，将网络在线教学、移动教学、面对面教学三种教学模式进行融合优化。

混合式外语教学三个阶段递进发展的外在动力是“互联网+”时代的发展，教学大数据为在线学习行为、情感和认知分析提供了海量细粒度的教学记录数据，学习分析技术又为教学大数据的挖掘和解读提供了科学的方法。混合式教学发展内在动力的主体是教育管理决策者、教师和学习者三方。教育管理决策者对于信息技术在外语教育中的作用高度重视，并从政策上给予保障、鼓励和支持。教师通过研修班、教学会议等形式提升自身的信息化教育教学理论，并在实践中改进和提升教学质量和效率，理论和实践的互促循环上升是教师进行混合式教学的最重要内因。学习者对于信息技术工具便利性和促学性的认可是进行自主学习的一个重要内因。

本章将从混合式外语教学发展的三个阶段中提取出概括性特征，对于混合式教学的模式进行分类探讨，利用探究社区理论为混合式教学提供新的教法学理论框架。

6.1 混合式教学的基本模式

参照冯晓英（2018）对于混合式教学基本模式的划分，混合式教学可以从时空和教学维度进行分类。从时空维度来看，根据不同的时空在混合式教学中的占比，混合式教学的基本模式可以分为线下主导型（包括线下同步型和线下异步型）、线上主导型（包括线上异步型和线上同步型）、时空融合型三种。

线下主导型混合式教学是以传统面对面讲授、讨论、测试为主，又因为面授与在线和移动学习的时空不同，包括线下同步型和线下异步型。线下同步型主要是指利用课堂上电脑或移动技术设备辅助教学，如进行课堂签到、抢答、测试等教学活动。此时，技术辅助教学与传统面授教学在同一时空中进行，所以被称为同步型。线下异步型是指在面授教学为主的混合式教学中，移动和在线学习发生在课堂外，学习者利用在线和移动工具进行复习，拓展教学资源，如英语听力的练习。因其与面授在不同的时空中完成，所以被称为异步型。

线上主导型混合式教学是以在线课程讲授为主、线下面授为辅，线下辅助形式主要是答疑和讨论。根据面授与在线自主学习的时空不同分为线上同步型和线上异步型。线上同步型是指在新冠肺炎疫情居家学习期间，教师指导学生观看提前录制的讲课视频，并留出答疑和讨论的时间。线上异步型是指学生线上进行 MOOC 或者 SPOC 的自主学习，线下与教师和同学对遇到的问题进行深度探讨。

时空融合型混合式教学模式并非以线上线下教学时间的分配来定义，而是打破了教学时空的明显分割。线上与线下界限不再被明显区分，可以相互融合，在同一个物理空间同时并存，互为辅助。教师面授主讲与在线自主学习不再局限于课上与课下时间。具体设计要基于课程的性质、教学目标与学生的学习需求。

从教学特征维度可以依据所采用的教学法将混合式教学分为讲授型、自主型、协作反馈型三种。

讲授型混合式教学主要是基于教师的讲授式教学法，无论是传统线下授课还是线上直播，学生主要是通过聆听教师的讲授来完成课程内容输入，大部分时间是被动地参与学习。

自主型混合式教学主要是以自主学习的形式进行，学生可以自定步调进行线上学习资源的学习与观看，通过移动交互平台随时参与讨论和答疑，进行线上自测与同伴互评。

协作反馈型混合式教学是由教师负责创设各种学习情境，提供支架帮助学生进行自主学习，支持学生与同伴之间的交流互动，鼓励学生通过协作完成任务。教师收集和分析学生的线上学习行为数据，通过解读进一步调整线上线下教学，改善学生的学习体验和感受，提高混合式教学的学习效率。

归纳依据混合式教学的基本分类框架，从时空和教学两个维度可以将混合式教学归纳为3×3矩阵框架（见图6-1），基本可以涵盖并描述当下已有的混合式教学模式。不同学科教师有不同的教学设计，可以采用不同的混合式模式。例如，在大学英语翻转课堂开始之初，学习者课前自主学习的时间并没有学时的分配，属于线下主导、自主式的翻转课堂1.0教学。随着翻转课堂教学的完善，给学生课外线上自主学习分配学时，使线上外语行为数据增多，对于线上学习行为的跟踪反馈也就越发重要，此时属于线下主导、协作反馈式翻转课堂2.0教学。基于MOOC或SPOC的混合式教学最初是线上主导、讲授式，而后由于教学大数据的发现和挖掘以及教学互动协作的增多而升级为线上主导、协作反馈式混合式教学。可见，目前混合式教学的升级主要是纵轴上的提升，我们同样期待横轴上时空融合的升级。这对于信息化教学技术与设备提供的真实情境的代入感要求更高，同时对于教学设计和实施也提出了更高的要求。

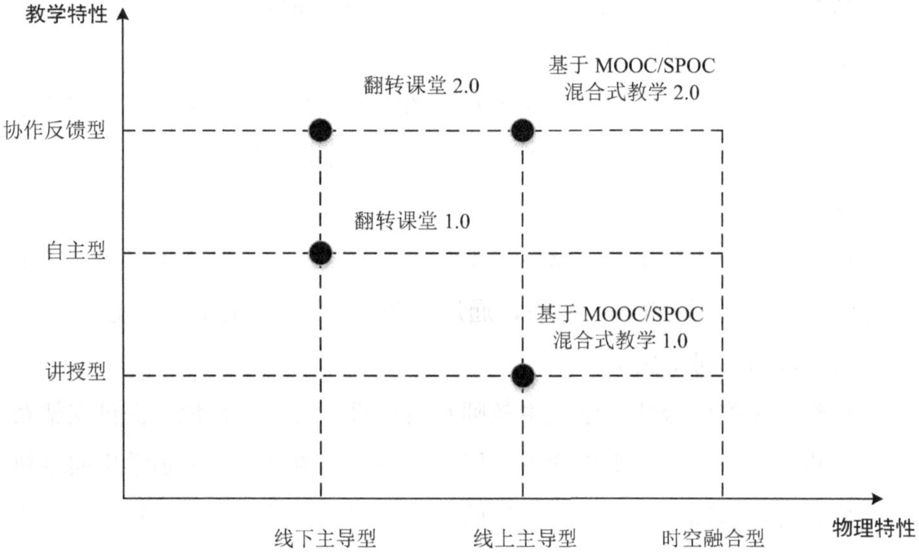

图 6-1　混合式教学的分类框架

6.2 混合式教学的理论框架

6.2.1 探究社区理论框架

本书前几章中已经介绍了混合式教学的一些基本教学原理，如最近发展区理论、输入假设理论、支架教学理论、掌握学习理论等。维果斯基的最近发展区理论认为，学习者的发展有两个水平，一种是现有的水平，另一种是可能的发展水平，两者之间的空间就是最近发展区。教学应着眼于学习者的最近发展区，为学生提供带有难度和一定挑战的内容，调动他们的积极性，发挥其潜力，超越最近发展区，进而进入下一个发展区。鉴于此，维果斯基提出“教育应该走在发展的前面…… 好的教学就是把最近发展区域里正处成熟阶段的一系列机能激发和调动起来”。克拉申提出的输入假设理论也是基于维果斯基的最近发展区理论。

支架的概念来自最近发展区理论，也是社会建构主义理论指导的重要教学策略之一。所有帮助学习者发展学习能力，助力其实现在最近发展区发展的任何示范、指导、工具、策略等都可以被视为教学支架。教学支架是对过程的支持，教师帮助学生搭建脚手架，进入情境，引导学生进行独立探索和协作学习。混合式外语教学的第三个阶段属于颠覆性创新，也必然撬动教学模式与教学理念的变革。教师在混合式教学中的角色不再是前期阶段的技术搬运工，而是发展为情境创设者和学习促进者。教师通过设计学习情境、组织学习活动，引导、促进学生的学习，为学生的外语学习搭建支架。

在指导混合式教学的特定理论中最有影响的是探究社区理论框架（Community of Inquiry Framework，CoI Framework）。此理论由Garrison、Anderson和Archer提出，三位学者基于在阿尔伯特大学五年（1996—2001）混合式教学的实践，从社会建构主义出发，强调人际互动社区，提出了影响混合式教学的三个关键要素：社会临场感（Social Presence）、教学临场感（Teaching Presence）和认知临场感（Cognitive Presence）。探究社区理论的概念基础很强大，可以解释混合教学环境中的有效学习成效（Graham，2006；Vaughan、Garrison，2006），并且为在线学习和混合式教学环境中的复杂性和动态性提供设计原则和指导（Akyol、Garrison、Ozden，2009；Vaughan、Cleveland-Innes、Garrison，2013），是目前对混合式教学最有影响力的理论。只有当这三种临场感都达到较高水平时，才会实现有效的学习（Garrison、Anderson、Archer，2001）。

社会临场感是指学习者对在线学习共同体的认同，学习者在一个充满信任的环境中进行情感和社会交流，通过个性特征的充分展示来发展人际关系。教学临场感是指教师通过设计、促进、指导在线活动以帮助学习者实现个人意义建构和获得有价值的学习成果。认知临场感是指学习者在一个探究学习社区中通过持续的反思与对话实现建构和确认意义的程度（Garrison、Arbaugh，2007）。这三种临场感之间的意义和关系如图 6-2 所示。

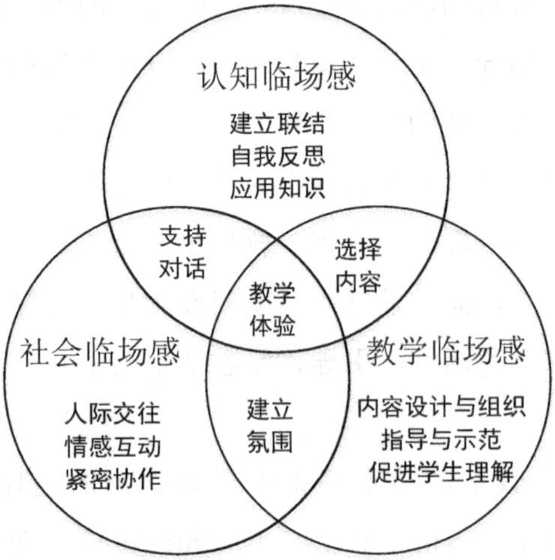

图 6-2　探究社区理论模型三要素关系图

图 6-2 明确了混合式学习的关键要素，这三者共同决定了学习者的学习体验与教师的教学体验。认知临场感是重中之重，但是需要在另外两种临场感的支持下才能被有效感知。在传统的课堂教学环境中，面对面交互的便利性以及班级成员的稳定性等因素使得社会临场感和教学临场感随着教学的进行自然形成，而教师更多地关注认知临场感的建立。

在混合式学习环境中，教师与学生、学生与学生的时空分离，导致了教学临场感与社会临场感的缺失。教学临场感的缺失会导致教学内容的消失（见图 6-3），也就失去了教学的基本。因此在线网络课程从开始兴起之时，设计者就一直在寻求教学临场感的建立。以基于 MOOC 之类的远程异步课程为例，传统的线上视频讲授，模拟真实课堂，教学目标、教学内容、教学策略、教学管理等逐渐完善，课程体系完备，特别是一些国内外知名学府知名教师的课程，不仅填补了线上教学临场感，甚至还超过了一般教师的课堂教学。正因为如此，MOOC 才可以在全世界的教育领域方兴未艾。

MOOC 课程中社会临场感也时常空缺，即使一些课程努力营造网络学员之间的交流情境，但有时却被在线学习者有意或者无意地忽视。没有社会临场感的学习体验又是怎样的呢？我们发现此时与社会临场感相关的对话和氛围都消失了（见图 6-4），仅剩下内容了，而这也确实与一些学习者对于线上网络课程的负面认知相符。

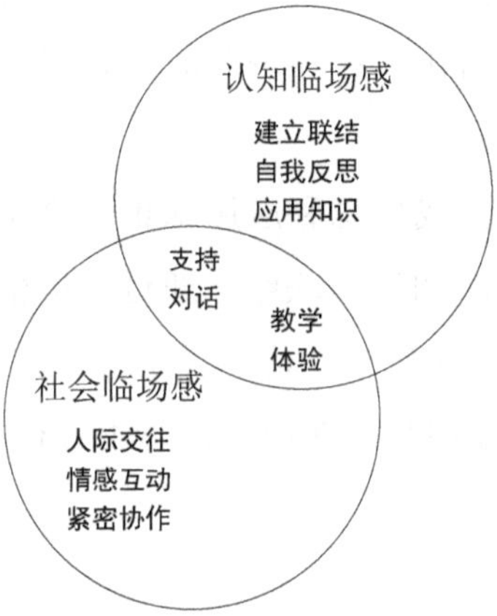

图 6-3　缺失教学临场感的探究社区理论

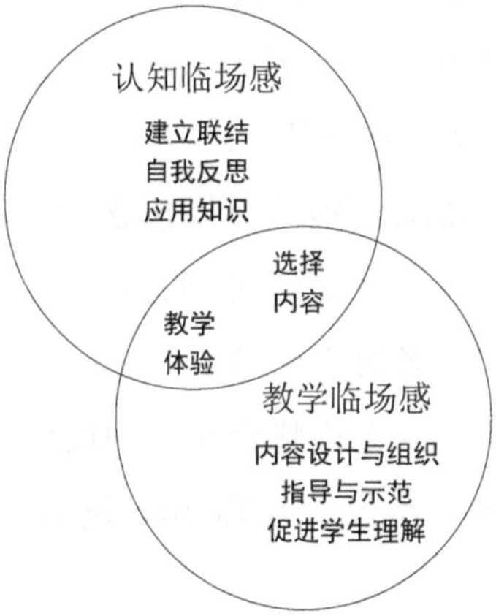

图 6-4　缺失社会临场感的探究社区理论

当氛围缺失时，会导致学习者社交动机的丧失，学习积极性容易受到影响。因此，对于需要外部动机激励的学生而言，如自控力较弱的学生或者对于外语学习积极性不高的学生，没有交互氛围时，学习难度会随之增大。在远程异步课程或者直播教学中，社会临场感缺失或者较弱时，认知临场感也必然会大受影响。

教师作为支持者、组织者和引导者，需要在混合式教学中关注三种临场感的创设（见表 6-1）。其中，社会临场感的创设包括人际交往、情感互动和紧密协作三个子维度。促进人际交流的策略有学习者之间相互认识、认可彼此付出、尊重每位成员的贡献、相互理解等。增进情感互动的策略有鼓励自我表达、鼓掌、点赞、幽默。加强紧密协作的策略主要是以小组为单位的集体合作、建立和维持集体情感的认同、开展项目式教学。

教学临场感的创设包括内容设计与组织、指导与示范、促进学生理解三个子维度。内容设计与组织是指设计课程大纲、教案、教学流程与评估方式等，如采用 BOPPPS、对分课堂等教学模式。对于每一个教学流程，师生都要谙熟于心。指导和示范包括教师对于课程框架的精讲，对于重、难点的讲解，学生优秀成果的示范展示，教师的及时反馈以及针对性点评。促进学生理解是通过师生、生生对话促进学生进入并跨越最近发展区，理解彼此英语基础不同，承认彼此的努力付出，存在分歧时可以求同存异，努力达成理解和共识。

认知临场感的创设包含建立联结、自我反思和应用知识三个子维度。建立联结主要是通过构建情境，实现新旧知识的联结，通过新旧信息差，唤起学习者对于问题的探索；自我反思指通过个性化的反思笔记、电子档案袋等形式进行整合和主动反思；应用知识是指在应用情境中以任务为载体开展对话和观点的输出，进而完成任务。

表 6-1　探究社区理论模型的二级维度与支持策略

要素	二级维度	典型策略（示例）
社会临场感	人际交往	自由轻松的表达
	情感互动	关注情绪
	紧密协作	合作、同侪互助互促
教学临场感	内容设计与组织	BOPPPS、对分课堂等模式流程
	指导与示范	教师精讲、优秀成果展示
	促进学生理解	对话、分享彼此观点
认知临场感	建立联结	引发对于新问题的思考
	自我反思	反思笔记、电子档案袋
	应用知识	语言、观点、任务输出

混合式教学中的社会临场感最好是在线下通过面对面的课堂活动进行构建。如果特殊时期学生无法返校，传统课堂教学需要通过在线直播进行，教师也可以通过一些在线功能增强社会临场感。例如，在腾讯会议直播教学中，可以使用同框功能中的“阶梯教室”进行自由发言和集体讨论，“脱口秀”场景可以用于某位学生的自由发言，“新闻演播室”和“图书馆”模式可用于小组讨论，“大讲堂”可用于教师讲授等，这样可以很好地创建传统教室的临场感。在线直播中教师往往是看着电脑屏幕内容讲课，而摄像头在屏幕的上方，学生们会感到教师一直向下看，没有眼神接触的互动也会降低社会临场感，目光的接触本身也是提高注意力的方式。因此，腾讯会议提供了“眼神接触”功能，可以自动修正视线的焦点，使得教师在没有注视摄像头时，学生依然可以看到教师的目光关注。以上功能不仅可以提升在线教学的社会临场感，也同时增强了直播授课的教学临场感。社会临场感不仅强调人际交流，也要强调亲身参与。根据量身认知理论（Embodied Cognition），生理体验与心理状态之间有着强烈的联系，身体活动也会促进思想的参与。“互动批注”功能支持在共享屏幕中输入批注，提升了学习者的社会临场感和认知临场感。为了在线临场感的创设，教师需要做好设计、引导和监控等工作。只有社会临场感、教学临场感、认知临场感三者之间相互交织重叠、相互促进时，才能最好地开展混合式教学。

如果把以上三种临场感的创设看作混合式教学过程中教师设计和促进学习的过程性目标，那么教师设计和促进学习的过程就可以看作为创设临场感而设计并提供支架的过程。探究社区理论可以帮助解决混合式教学需要哪些支架、支持什么以及如何支持这三个问题。支架理论另一个重要的特征是目的性和临时性（Transitory Nature），即在教学需要的时候提供，在不需要的时候撤离。下面将在混合式教学的动态支架理论模型中说明教师需要在何时提供支架、何时撤除支架。

6.2.2 混合式教学动态支架理论模型

按照在线学习者的交互深度和知识建构层次，Salmon（2004）将在线学习的过程划分为访问课程、社会化交互、参与学习任务、社群化探索和个体知识建构 5 个阶段。依据此理论，冯晓英、孙雨薇和曹洁婷（2019）提出在混合式教学的不同阶段，教师需要根据学生不同的学习特点和需求设计并提供各阶段不同的教学支架。

目前国内外关于不同环境下教学支架强度的研究表明，动态强度的支架比固定强度的支架更为有效（Azevedo，et al.，2011；Feng，2012）。混合式教学动态支架模型中（Garrison、Anderson、Archer，2010；Swan、Ice，2010），在混合式教学初期、中期和末期，教师给予的社会临场感、教学临场感与认知临场感的支持强度应该是不同的，且处于动态变化之中（见图 6-5）。

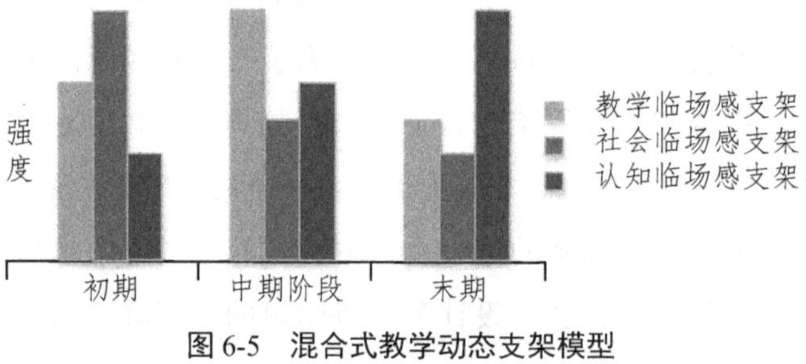

图 6-5 混合式教学动态支架模型

1. 混合式课程的前期支撑

在混合式教学初期，社会临场感的支架强度最高，教学临场感次之，认知临场感最低。在教学初级阶段，激发学习者的学习动机是维持后续学习态度和行为的关键要素。学生在适应新的教学环境、新的人际关系时会遇到诸多困难，如情感的寂寞、自主学习能力的薄弱、技术的陌生等。此时，社会交往和情感支持是非常重要的。教师可以利用线下教学面对面的便利优势开展混合式教学的初期团建，进行“破冰”活动，帮助学习者找到学习伙伴，组建任务小组，激发团队合作学习的动机，使学习者感受到来自同伴和教师的鼓励和帮助，营造平等、友好、活跃的交流氛围，创设一个有归属感的集体，进而为接下来的线上和线下教学活动铺垫情感交流基础，营造较高的社会临场感。如果教学初期不能进行面对面的团建，在线上环境中依然可以利用智慧化教学工具和平台的功能，在线上虚拟小组中进行自我介绍、语音留言、点赞、头脑风暴、主题讨论等，快速建立良好舒适的社会临场感。

2. 混合式课程的中期支撑

在混合式教学中期，教学临场感的支架强度最高，认知临场感次之，社会临场感逐渐减弱。混合式教学的资源获取方式、教学活动组织形式等都与传统教学不同，学生需要教师提供线上和线下学习结构化的细致引导和过程监控。进入课程中期，学生间的会话、交互、协作探究都更加紧密和频繁，以促进小组和个人的知识建构。在这个过程中，教师的督促和反馈至关重要，教学临场感的创设可以更好地保证课程中期学习的有效进行和持续推进。在这一阶段，学习者对于课程与教学模式的新鲜感慢慢褪去，随着认知投入的增加，很容易产生倦怠感。英语教师应该基于学生的英语能力基础和前期表现，及时总结和反馈，将过程性评价贯穿于线上与线下教学活动中，开展行动研究，进行教学的自我反思，这是中期教师进行教学临场感建设的重要过程。教师还需要提升认知临场感支架的强度，引导学生进行学习成果的产出，以小组活动的输出促进自主学习的输入。

3. 混合式课程的后期支撑

在混合式教学后期，认知临场感的支架强度最高，教学临场感次之，社会临场感最低。从学科知识的初探和整合阶段进入应用和创新阶段，在实践应用以及小组成果展示和验收的驱动下，学生对于知识建构的愿望最为强烈。然而，外语实践应用、成果创新展示对于学生而言也是最具挑战性的，需要教师从旁促进和协助，为学习者提供较高强度的认知临场感支架，支持学生应用所学知识进行较复杂问题的解决，进行组内自我反思和作品创新展示。为了避免教师过度干预，应该有意识地减少教学临场感的支架。认知临场感支架不仅支持学习者自我知识的构建，而且也有助于小组协作知识的构建。教师可以通过构建小组线上电子档案袋等方式，开展对于合作任务的线上形成性评估，及时进行过程性反馈，帮助学生构建促进对话的临场感支架，完成最后的知识构建和输出。

综上所述，在混合式教学的不同时期，教师搭建的社会临场感支架强度由高到低逐步弱化，认知临场感的支架强度由低到高逐步强化。教学临场感的支架强度在课程中期最强、后期减弱。此动态支架模型回答了探究社区模型中何时提供支架以及何时撤除支架的问题，并已经通过实证研究得到验证。对于大学英语拓展课程混合式教学，此模型框架依然适用，因为拓展课程通常是在课程的后半段进行知识的运用和输出，如演讲与辩论、学术英语写作等。但是我们也必须认识到由于学科的性质不同、学生基础的不同，教师需要对动态支架理论的适切性进行调整。大学英语课程通常会以每个单元为独立学习周期，英语学习成果的输出与输入几乎是相伴而行的，也就意味着教师对于认知临场感的支持不应该是从弱到强。学生英语基础的差异对于学习情绪至关重要，随着课程的推进，不同的学生可能需要不同的社会临场感和教学临场感的支持。对于大学英语混合式教学的前期、中期、后期时间上的具体划分也是未来需要深入探讨的问题。

6.3 小结

本章从时空和教学维度对混合式教学进行基础分类。从时空维度来看，混合式教学被分为线下主导型（包括线下同步型和线下异步型）、线上主导型（包括线上同步型和线上异步型）、时空融合型三种。从教学维度来看，混合式教学可分为讲授型、自主型、协作反馈型三种。依据该分类框架将混合式教学划分为9类，目前混合式教学的升级主要是针对教学特征的提升。

此外，本章还介绍了探究社区理论和混合式教学动态支架模型，可以共同为大学英语混合式教学提供教法学基础。在探究社区理论中，社会临场感、教学临场感与认知临场感的理论模型，在提出后的十余年中经受了不同教学环境的检验，证明了该理论的有效性。迄今，探究社区理论模型依然处于不断的理论完善中，如Cleveland-Innes等学者在2012年补充了第四个因素：情感临场感（Emotional Presence）。混合式教学动态支架理论可以用来宏观指导大学英语混合式教学，但是由于大学英语教学性质与学习特点的不同，动态支架理论还需要适切性调整来进一步加以完善。

第 7 章　大学英语教师的行动研究

在混合式外语教学中，如何将理论与实践、教学与科研有机地结合，使之相互促进一直是广大外语教师和研究者关注和讨论的重要问题。只教学不研究会使得外语教学故步自封，乏味低效；只研究不教学，脱离教学实践，研究结果将难以推广和运用。20 世纪 80 年代以来，一种教师参与科研的方式进入教育领域，行动研究作为课堂教学研究的方式之一很快为广大教师所接受。行动研究使每位教师都可以成为研究者，主张教师对自己的教学行动进行系统的观察和不断的反思、发现和提出问题、确定和采取措施去解决问题，在解决问题的过程中观察和分析数据，分析和评估效果，继而发现和提出新问题，使教学研究呈螺旋式持续发展，进而达到改进教学方法、提高教学效果的目的。

7.1 教学中的行动研究

教师在教学过程中开展的研究主要采用一种自我反思的探究方式，提升对于学习过程的认识，进而改进教学实践。教学行动研究就像一场长途旅行，充满了探险，也是一次神奇和富有挑战的经历，教师应该享受旅行的过程，而不要太注重结果。我们希望在结束旅行时能够从新的角度看到以前所不能看到的东西，或者体验不可想象的东西，而我们所憧憬的美好未来正是旅行的理由（Arhar、Holly、Kasten，2002）。

7.1.1 行动研究概述和特点

有关行动研究的探讨开始于20世纪初，最早是为了解决教育研究者与实践者之间分工割裂和脱节的问题。20世纪50年代，行动研究第一次被Stephen Corey（1953）系统引入教育界来改进教学实践，对研究结论的解释与运用与以往不同，更关注教学理论在实践中的进一步发展，立足解决实际的教学问题（Stenhouse，1975；Elliott，1976）。

Stenhouse首次提出研究应成为教师教学的基础，教师应该成为研究者。要培养学生的研究精神，首先要成为一名自主和开放的教师，而唯一的途径就是以一名研究者的眼光或从一个研究者的角度来审视自己的教学。教师不应仅仅单纯地接受假设，而应在教学实践中验证假设，调整教学策略、教学方法等，实现和完善教学的目标。

20世纪80年代，行动研究的理论迅速发展，研究者开始从不同的角度定义行动研究，其中被广泛接受的是Dave Ebbutt（1983）的阐述（Hopkins，1985）。他指出，行动研究是教师在教学过程中对自己的教学观念、教学方法与教学效果进行反思，重新审视自己的教学，探讨和研究改善教学的方法，以进一步提高教学效果。Schön（1983）提出行动中的反思（Reflection in Action）的概念，阐释教师依靠经验情感以及已有的教学理论在行动中对教学中出现的问题进行有意识的反思，并作出快速的回应和决策。

反思在哲学层面上是对某个问题进行主动的、反复的、严肃的、持续不断的深思（Dewey，1933）。反思性教学是教师对已经发生的教学实践进行回顾和思索（Schön，1983）。可以说，反思贯穿于行动研究的每一个环节，是教师对于教学行为的客观评判。无论是教学中的困惑或者问题，还是实施效果调整方案，抑或是数据收集的可靠性，反思都与行动紧密相连。反思是行动研究的灵魂，即使是一个不成功的行动研究，只要有反思的参与，也会具有意义，因为反思的结果为下一轮的教学行动研究作了进一步的准备。

反思具有动态性和循环性，注重实践性，也更具有开放性和合作性，同时也是反思者与理论的对话过程。反思的基本策略包括围绕问题的反思、在合作中的反思以及基于理论的反思。

教学的真实环境往往是非常复杂的，事实上并不存在一个现成的、标准的或统一的适合各种情境的解决方案。教师需要在行动中反思（Reflection in Action），也需要对行动进行反思（Reflection on Action），从而使教学实践成为反思性实践，使自己成为反思性实践者。教师进行反思的主要内容是教学问题发生的原因，解决措施的效果，哪里做得比较好，哪里还需要改进等。通过对教学行动的反思，教师可以对自己的教学行动和实践生成新的理解。当教师在行动中反思时，把自己的行动和对行动的思考紧密联系起来，通过行动与反思，在特有的情境中构建新的理论，成为一名教学实践的研究者。

第二语言教育学者 David Nunan（1990）强调，教学行动研究的基本要点是把行动和研究两者相结合。此结合体现了这种研究范式的基本特征，即在实践中探讨新观点和新方法，进而改进和提升教学，提高对于教学大纲和计划、教与学过程的理解和认识，其结果是改进教学和促进教学实践的深入发展。

行动研究不是对他人的研究，而是对教师的教学、学生、教学环境和教学效果等进行研究，在研究中寻求教师、学生、课程和学校的共同发展。教师本人既是教学者又是研究者，在研究中行动，在行动中研究。

McNiff 和 Whitehead（2010）指出，行动研究不仅是改进实践的研究，还关注参与者在实践中的学习，通过合作形成教师学习共同体，共同改进实践，推动教育教学的进步。

虽然行动研究是解决问题的研究，但它并不仅仅局限于解决问题，还包括发现问题的成因以及采取行动的理论依据。教师研究者要通过收集和解释数据来说明采取行动的合理性。随着时代的发展，行动研究的主要目的也不再仅是改进实践，还包括创建知识和生成动态的实践性理论

（McNiff 、Whitehead，2010）。

虽然国内外学者们就行动研究的特点提出过多种不同的观点，但行动研究的基本特征仍然可以归纳为一种自我反思式的（Self-reflective）、基于行动的（Action-based）、情境化的（Context Specific）、实验性的（Empirical）、参与性的（Participatory）、合作性的（Collaborative）、立足变革和改进实践（Aiming for Change and Improvement）的研究范式。

7.1.2 行动研究的基本过程与步骤

Kemmis 和 McTaggart（1982）总结了行动研究的基本过程，包括观察、反思、计划和实施环节。这 4 个环节循环往复且螺旋上升，不断调整继而进入下一轮新的循环（见图 7-1）。

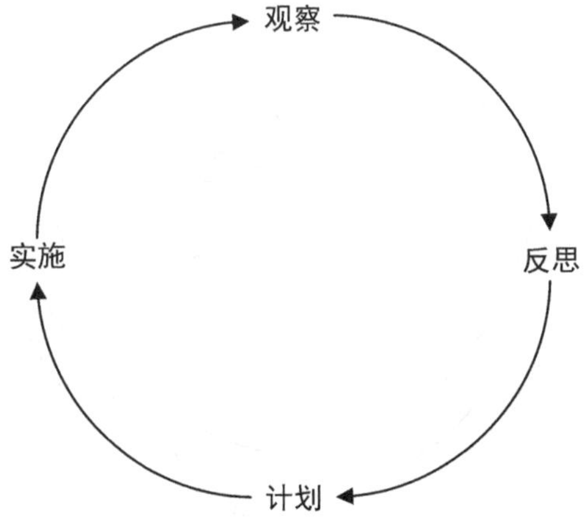

图 7-1　行动研究的基本过程 1.0

图 7-1 中，“观察”是指观察并记录在教学中出现的问题；“反思”是指思考出现问题的原因和解读教学效果；“计划”是指进行调整和设计，以改进教学现状；“实施”是指将新的教学方案付诸实践，并验证其成效。当第一轮行动研究完成后，进入第二轮，发现新的教学问题，引发新的教学

反思。

王蔷和胡亚琳（2014）在行动研究基本过程中又增加了两个重要环节，即分析和确定问题、评价行动效果。这里强调过程性反思，将反思贯穿于行动研究过程始终，反思的依据是教学数据的收集与分析（见图 7-2）。

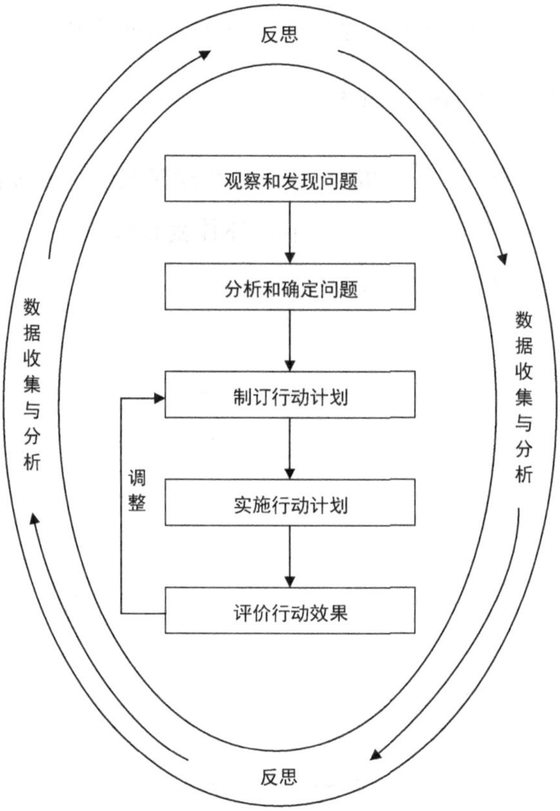

图 7-2　行动研究的基本过程 2.0

这只是行动研究的最基本过程，后期研究者在此基础上进行了不断的完善。根据不同的教学情境和具体的研究问题，行动研究的研究过程也有所不同。但无论采用什么样的步骤，都需要教师不断地进行观察、分析、调整与反思。根据不同的教学问题和情境，行动研究的过程也有所不同，可归纳为开放型和定向型研究（王蕾、张虹，2013）。

开放型研究过程的特点在于教师对研究问题的开放态度，研究分两个主要阶段展开。

第一阶段是初期调查，教师发现问题，提出假设，进而开展初步调查，通过验证假设重新确认问题。如何发现和确定研究问题呢？可以从以下7个方面入手：1）教师自己感兴趣的问题；2）在教学中遇到的难题；3）教师自己说不清楚的问题；4）教师自己希望改变的现状；5）计划与现实情况不一致的问题；6）现状与教学目标不一致的问题；7）学生与教师的看法不一致的问题。在初步调查与分析中，可以从4个方面提出假设和分析问题，即学生、教师、教材和教学环境。调查收集数据的方法包括日记法、访谈法、问卷法、观察法、录音/录像法、档案/文本分析等方法。除了传统收集数据的方法，对于学习行为和效果线上数据的收集也可以采用电子档案袋、线上讨论留言、学习平台和软件对于某项行为数据的记录等方式。

第一阶段主要强调从发现问题到确认问题的过程。当教学研究问题被确认后，进入如何解决问题阶段。第二阶段是在确认教学中存在的问题后，在收集、参考和阅读相关文献的基础上设计研究思路，制定行动方案、改进措施，继而在实施行动计划的过程中一边监控计划、系统地收集数据，一边分析与调整方案。线上线下所有教与学的互动都是有价值的分析数据。教师要将数据与理论挂钩，甚至通过分析线上线下数据得出结论来补充现有教学理论（见图7-3）。

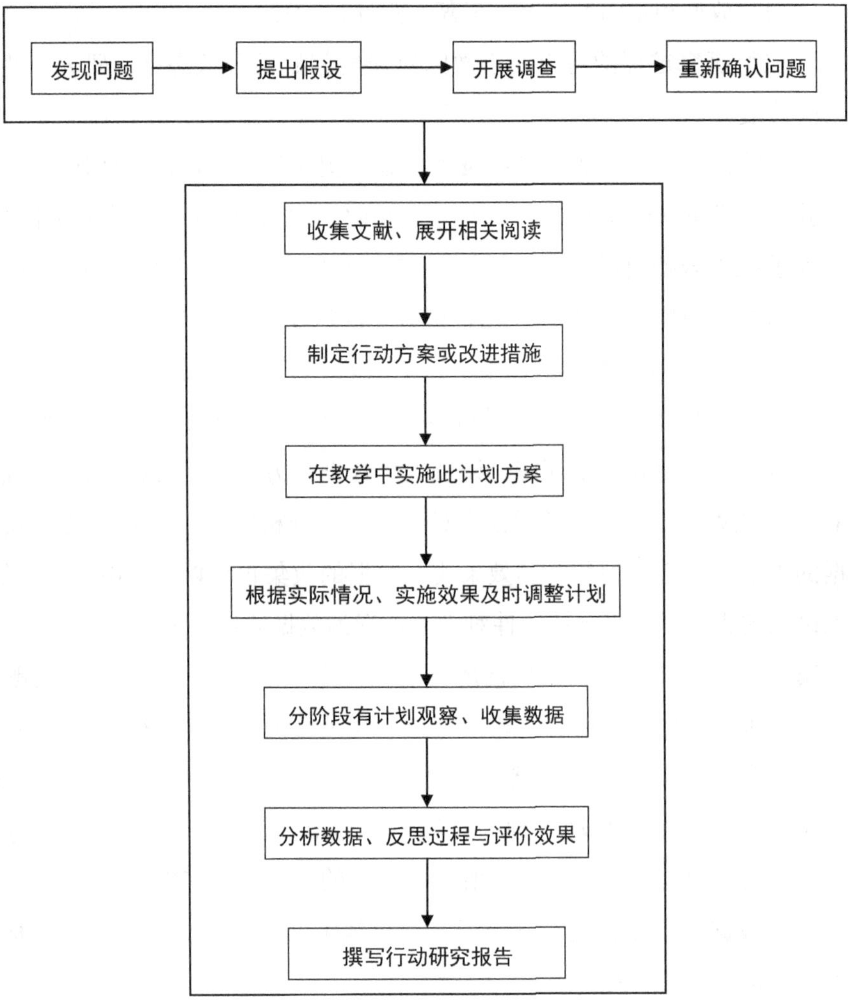

图 7-3　开放型研究过程

定向型研究又称为检测型研究，研究问题的确定来自前人的经验和成果。教师可以通过阅读文献书籍、参加线上线下教学研讨会、教学会议、工作坊与教师培训等途径了解各类教学研究的信息，学习新的教学方法和策略。对于新的教学模式、策略和方法，教师需要进行相关文献阅读，在理论上论证其确实有利于改进教学效果，提高学习成效，促进学生的发展。

经过理论上的论证，教师设计新的教学计划，将这些新观点或新方法在教学中进行实践，并观察和收集行为和态度数据，分析和评估学习效果，及时调整教学计划（见图 7-4）。

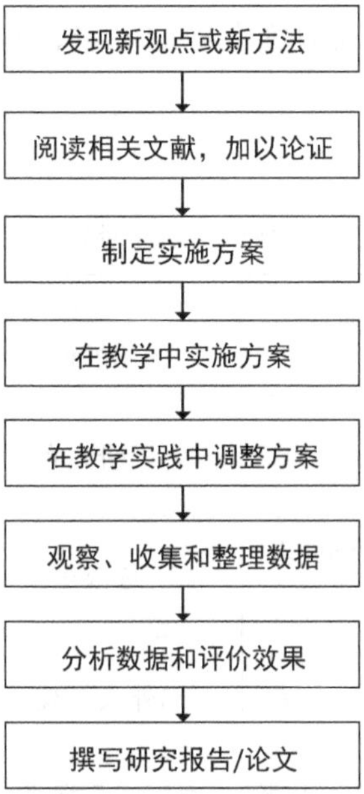

图 7-4　定向型（检测型）研究过程

7.1.3 行动研究与传统教学研究的区别

传统教学研究来源于心理统计的研究方法，一般要求有严格的实验设计和假设验证。这类研究主要验证在所有其他条件都相同的情况下，当教学策略、教学方法、教学程序等（自变量）发生变化，会产生何种不同的教学效果（因变量）。但是这种研究方法也存在很大的局限性，不仅在教学环境中随机选择被试者是非常困难的，同时在教学环境存在很多不可预测的需求和变化，所以研究者是无法完全控制人和环境等干扰变量的影响。因为教学实验还是由人来操控，由人来作决定和选择，而人的决定和选择会直接影响人和实验环境的变化（McNiff，1988）。

从教育教学的角度来说，如果实验研究的目的是改进教学，那么对于对照组的学生来说就似乎不太公平。再者，实验的设计一般都是短期行为，实验结束后教学又恢复了原本的样子，实验结果确实有对教学理论的贡献，但是对于真正教学改革的意义却不是很大。表 7-1 列出了普通教育研究（量化研究和质性研究）与行动研究在问题确定、研究对象、研究者角色、研究特点、研究方法和研究目的方面的区别。

表 7-1　行动研究与其他研究方式的区别

	普通教学研究（量化或实验研究）	普通教学研究（质性研究）	行动研究
问题确定	研究者	研究者	教师
研究对象	抽样选取学校、教师或者学生	选取个案	自己的学生、教师本人
研究者角色	局外人、设计者与评价者	局外人、观察者	局内人，集设计者、行动者与评价者于一身
研究特点	重结果、重客观分析、重数据统计	重解读、重意义、重影响因素	重过程、重变革、重反思
研究方法	定量（大规模问卷和实验对比研究）	以观察、访谈、田野日志方法为主	既有定量也有定性的研究方法
研究目的	发现规律，构建理论或模式	解释现象，得出结论	力求改进实践，提高教师专业水平和发展能力

从表 7-1 我们可以看出，量化研究与质性研究的目的很少回归到研究场域中，而行动研究更有助于研究过程中的教学改进。行动研究与质性研究有很多相似之处，但也存在着不同。质性研究力求在自然的环境中从参与者的角度去解释行为，不控制变量，不寻求普遍性结论，数据收集和分析都是描述性的，对被研究者和研究环境不产生作用。行动研究要对事物进

行描述和解释，提出新问题，通过实施行动方案改变教学实践，而这正是质性研究所不具备的特征。行动研究不排除量化数据，只要适合解决研究问题、有助于研究过程和教学改进，可以通过多种方式收集各种数据，包括量化数据。行动研究区别于其他研究的特征是直接推动教学实践。

当然这并不是说行动研究可以解决一切研究问题，本章主要是针对特定教学环境中特定问题的研究，特别是为了解决复杂的教学环境中的某一具体问题。当一般的理论不能提供解决方案，而量化和实验设计的研究方式又不适合时，行动研究则是最好的选择。

7.2 形成性评估的行动研究教学案例

本节中的教学案例是混合式教学与形成性评估相融合的行动研究。形成性评估是促进学生参与学习和转化知识技能的过程性评估。大量文献已经证明一套有效并且可操作性强的形成性评估量化体系是保证教学质量的关键，且可以发挥不可小觑的反拨作用。与很多终结性、高利害的评估相比，形成性评估很好地体现了以学生为中心的教学理念，是一种促学的评估。在形成性评估融入大学英语翻转课堂的行动研究案例中，教师发现形成性评估与英语翻转课堂相融合的新方法，制定形成性评估与英语翻转课堂相融合的具体实施方案。通过教师的观察和反思、学生问卷调查和访谈以及观察员的随堂观摩进行数据三角验证分析，调整教学方案，建构适宜的形成性评估量表，并在教学实践中完善大学英语翻转课堂的形成性评估体系。在形成性评估融入在线选修课程的行动研究案例中，教师基于对在线课程学习效果的反思对课程教学方式进行重构，开展线下课程教学辅导与形成性评估，通过教师的观察与反思、学生问卷调查与访谈以及观察员的观察与反馈，在多轮教学实践中调整并完善混合式教学方案，构建评估量表。

7.2.1 形成性评估融入大学英语翻转课堂的行动研究

在翻转课堂中，教师需要为学生提供所需的反馈，以便反映学习过程中存在的问题，矫正学习行为，反思学习过程，实现学习目标。翻转课堂的反馈主要以形成性评估的方式进行。形成性评估是一种以评价为导向的教学活动范式，要求教师和学生选取、设计和调整各种学习任务，系统地收集学生信息，并采用恰当的评价工具对信息进行评价分析和阐释，再反馈给评价者，以便调整教与学的过程，促进学生语言能力的发展（罗少茜、黄剑、马晓蕾，2015）。最新制定的《大学英语教学指南》鼓励教育者实施包括翻转课堂在内的多种教学模式，也提出课程评估要综合运用多种评价方式，即由对学习向促学习的评价转变。

1. 形成性评估与翻转课堂融合的实施模式

尽管形成性评估对于提高教学效率有一定的促进作用，但在实际操作中不存在适用于一切条件的形成性评估模式，应根据当时当地的具体评估条件设计和实施。本研究中形成性评估与翻转课堂融合的具体实施模式设计为：1）确定单元教学目标，每单元包含两周的教学时长；2）在进行课上学习前，学生需要对本单元的背景信息、单词短语、课文内容与结构有充分的了解和掌握；3）课堂上教师通过多元形成性评估对学生的学习结果进行检测，发现学习问题，并调整和改进教学策略和方法，未达到目标的学生进行补偿性的矫正学习；4）课程结束时再次进行形成性评估，检测学生对语言内容的掌握情况以及学习素养的提升情况，继而推动下一单元的学习（见图 7-5）。

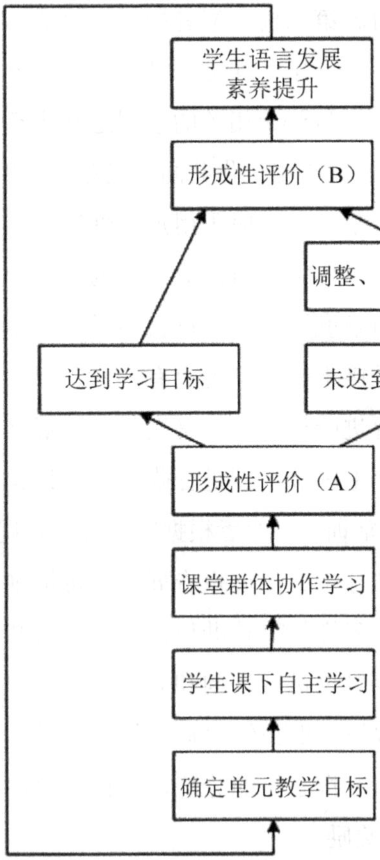

图 7-5　大学英语形成性评估与翻转课堂融合的实施图

2. 形成性评估与翻转课堂相融合的行动研究

（1）第一阶段定向型行动研究实施方案

笔者在燕山大学三个非英语专业课程的大学英语教学中实施形成性评估和翻转课堂相结合的定向型行动研究。首先了解学生对本单元学习目标、知识点和技能的掌握情况，在《新视野读写教程》第一册第六单元“To work or not to work—That is the question ”的教学第一周，确定将词汇、短语、文章内容与背景信息归入可以通过直接讲授的范围，通过“蓝墨云班课”的资源发布平台，以教学视频、PPT 课件、文本、音频的形式提前发送给学生，要求其观看和学习。第二周，笔者把学生分成若干小组（以自愿和同寝就近原则分为 5 ～ 6 人一组），要求学生课下通过小组合作学习加强语言训练。根据笔者所设计的与单元相关的子课题从中选择其一，同时利用互联网搜集和整理相关信息，小组协作共同完成对单元主题的扩展报告。

课堂上主要进行探究性学习，一般采用形成性评估的方式。第一周课堂上，通过课前小测检验学生自主学习的效果。为了让学生体验到自主学习的成就感，原则上小测的难度设定不超过自主学习给出的任务难度，且主要是选择题，以便学生对接下来的学习更有信心。课堂上对文章主题的深入和内容难点的阐释体现进阶梯度性，贯彻最近发展区思想，主要以课堂提问的形式进行，鼓励学生围绕问题进行临近座位讨论后回答，进一步内化知识点和主题，深化当堂训练。笔者根据回答者的表现给予分值记录。

第二周以小组为单位进行主题扩展报告展示，每组推荐一名代表进行口头汇报，鼓励展示者借助多媒体等辅助形式形成新的知识结构。其他小组的学生围绕汇报者的内容可以进行提问和质疑，展示组可以通过同伴互助协商，由小组代表给予解答。汇报结束后，每一名学生为其他小组的表现打分，最终取平均分作为汇报小组的分值，所得分值由小组所有成员共享，给予汇报者额外加分的奖励。

1）初观察和发现问题

在行动研究中，笔者观察到学生虽然在调整自己过去的学习习惯，但形成性评估和翻转课堂的融合在教学操作中出现了一些问题。

第一，单元前测结果显示，61% 的学生成绩在 7 分以上（满分 10 分）、6 分以下的学生占 29%，6 ～ 7 分的学生占 10%。在小测中发现有个别抄袭现象。通过“蓝墨云班课”的记录发现，41% 的学生没有提前查看学习视频和资料的记录。这么多学生没有进行预先学习，超出了笔者的预料。在课堂互动问答中，部分学生在课堂上选择沉默，而互动活跃的学生相对集中，课堂“两极温差”依然悬殊。在提问讨论环节，学生虽然对本单元的单词和短语有一定的准备，但对文章内容理解得不够深，没有深度学习和主动思考，无法达到对知识的内化。如对“研究式写作”的过程概括，大多数学生并没有清晰的框架，无法提炼出 Research Objective、Research Methods、Research Findings、Research Explanations、Conclusion of the Research 等环节和内容。

第二，在单元主题报告小组展示中，汇报者运用板书、PPT 辅助阐述与 Part-time Work 相关的子课题，笔者比较满意汇报的质量，既巩固了单元知识点，又扩展了单元主题。但笔者发现在汇报时同组的某些组员似乎对汇报的内容并不了解，在全班互动讨论中面对其他小组的提问和质疑始终处于思维游荡状态。学生在课后访谈中说：“这一周过得特别累，因为小组就是我和另外一个学生在组织整理，其他人基本不管。”（A 学生）“我这周为报告做 PPT 和内容整理，但是因为我口语不好，所以就没当汇报者，其实我也付出了很多。”（B 学生）“我们小组里，我英语不好，所以我也不知道能做些什么。”（C 学生）此外，在组间互评环节，尽管笔者把打分的标准告知了学生，并作出解释，但打分者还是表现得比较随意。

2）进行反思

针对观察和发现的问题笔者进行了反思，发现学生小测成绩和问答讨论参与度不理想与课前自主学习的质量有关。在对学生的问卷调查中发现，63% 的学生认为自主学习能力和自控力不强，20% 的学生认为不需要花太多时间准备也可以应对前测，12% 的学生认为缺乏课下自主学习动力，5% 的学生选择其他（如课下时间安排不合理等）。课前自主学习深度不够，学生在课堂上参与问答和讨论时缺乏基础准备，表现得不自信，难以形成新的知识构建。笔者意识到在提高包括自控力在内的自主学习能力和动力方面，形成性评估的潜力没有得到充分发挥。对于部分学生而言，教师把任务和评估设定到有一定难度时，他们才会表现得更努力和出色。

笔者虽然鼓励学生合作讨论解决问题，但是小组的归属感和合作参与意识并没有完全建立起来。在报告展示中，组内惰化和游离现象明显，David Johnson 和 Roger Johnson 在著作《共生学习与独自学习》（*Learning*

Together and Alone: Cooperative）中把合作学习定义为教学安排，即给 2 ～ 6 名学生合作完成一项任务的机会，由此建构他们的知识结构和对内容的理解。他们提出了成功小组活动具备的 5 个原则：积极地相互依存、面对面的互动、明确个人与小组的责任、人际与小组交流的技巧以及小组学习的合力。把学生分成若干小组并给予任务并不意味着他们就能学会或掌握知识和方法，因为外界环境必须要与之适宜（Frey、Fisher、Everlove，2016）。也就是说，以小组为单位的打分没有发挥形成性互评的真正作用，没能充分调动每一名学生参与学习的积极性。

经过反思后，笔者决定根据翻转课堂的学习目标和任务设计与之相适应的形成性评估量表，以便让学生在过程中获得详细的参照和反馈。与学习分配的任务相比，学生更关心评定结果，教师可以利用这一点尽可能明确地传达教学期望（Stevens、Lev，2014）。在形成性评估量表的制定过程中，笔者通过与学生访谈听取他们的看法，让学生参与量表的建构，因为成年学习者以协作方式完成学习过程会改善教学效果（Caffarella、Clark，1999）。同时将自我评估增添到形成性评估环节中，使形成性反馈成为内在激励的一种形式，以评促学，激发合作。

（2）第二阶段定向型行动研究改进实施方案

在总结和反思第一轮教学的基础上，笔者决定改进形成性评估在翻转课堂中的实施，把形成性评估标准量化，提升反馈的及时性，充分发挥形成性评价的促学作用，提高翻转课堂的学习质量。

1）方案调整

第一，笔者通过“蓝墨云班课”的通知和提醒未查看者的功能督促学生课下自主学习，将视频和音频设定为不可拖动。在重视形成性评估的正向反馈作用的基础上，为避免天花板效应（Ceiling Effect），适当增加课堂小测的难度，添加关于文章内容和结构的考核。在单元结束时增加后测，兼顾在整个单元学习中对语言知识的掌握和能力提高，增加任务的难度和挑战性。

第二，建立小组成员之间的依存关系，要求每一个小组成员都要有所付出，选举小组组长，树立小组标签。笔者设计了“全组责任共担”和“全组共荣”两种形成性评估形式。“全组责任共担”指在前后测试过程中，如果组内成员有人抄袭了，所在小组成员将一同被扣分。“全组共荣”指的是在前、后测试和回答问题环节中，平均分最高以及回答问题最积极的小组在实际得分的基础上再加 1 分，奖励共享，以营造小组成员共进退的氛围。

第三，将小组报告中成员角色分工细化，将单元子课题的展示设定为由小组全体成员轮流口头汇报，共同协作完成。这样既能保证所有人都有机会在台上展示，又能激发小组深入研究子课题，并分成若干小报告，进行分工展示，严格按照量化打分标准进行组间互评。

第四，添加“组内贡献”评分项，充分发挥形成性评估中自评和互评的功能。在小组汇报后开启组内互评，组员首先进行自我反思，轮流自我陈述，叙述自己为本单元课题的贡献和所得，并进行自我评估，小组成员为所在小组的其他成员匿名打分。

第五，将形成性评估量表细化，通过与学生协商，期末考试中 20% 的平时成绩细化为前、后测试成绩 5 分，课堂回答问题 5 分，小组报告展示 10 分。在小组报告展示中，具体分项、评估标准和评分形式等如表 7-2 所示。

表 7-2　翻转课堂学习形成性评估量表

<table>
<tr><th>项目</th><th>分项</th><th>评估标准</th><th>评分形式</th><th>最后得分</th><th>备注</th></tr>
<tr><td rowspan="2">前、后测试（5 分）</td><td>前测</td><td>对自主学习内容的掌握（2.5 分）</td><td rowspan="2">组间同伴互评</td><td rowspan="2"></td><td rowspan="2">分数最高组每人加 1 分，考试抄袭者组内每人减 1 分（最高上限为卷面总分）</td></tr>
<tr><td>后测</td><td>对单元内容和语言点的掌握（2.5 分）</td></tr>
<tr><td rowspan="2">课堂回答问题（5 分）</td><td>个人回答</td><td rowspan="2">回答正确或有创造性的思考</td><td rowspan="2">教师评分</td><td rowspan="2"></td><td rowspan="2">回答次数最多的小组，组内每人加 1 分</td></tr>
<tr><td>代表小组回答</td></tr>
</table>

（续表）

<table>
<tr><th>项目</th><th>分项</th><th>评估标准</th><th>评分形式</th><th>最后得分</th><th>备注</th></tr>
<tr><td rowspan="5">小组报告展示（10 分）</td><td rowspan="4">展示效果</td><td>语音、语言流利和准确度等（2 分）</td><td rowspan="4">组间同伴互评、教师评分</td><td rowspan="4"></td><td rowspan="4">最后得分取同伴互评与教师评分的平均分</td></tr>
<tr><td>话题与单元内容相关性、逻辑性和创新性等（2 分）</td></tr>
<tr><td>与听众交流互动技巧，汇报时长，PPT，音、视频的使用效果等（1 分）</td></tr>
<tr><td>小组成员间协作、报告的逻辑性和完整性、听众对问题解答的满意度和清晰度等（2 分）</td></tr>
<tr><td>组内贡献</td><td>在小组分工、准备和展示过程中对小组的贡献（3 分）</td><td>组内同伴互评</td><td></td><td>最后得分取同伴互评的平均分</td></tr>
</table>

第六，增加形成性评估反馈速度，前、后测试结束后，以组为单位收回，实行即时组间互批，批卷人在试卷上写上自己的名字。教师一边讲解重要语言点，学生一边核对手里的试卷分数，小组长负责计算小组的平均分，教师即时公布小组的平均分排名。对于在课堂上参与问题回答和讨论的学生，教师给予即时的反馈。

第七，个性化教学和同伴互助相结合。对于前、后测试没有达标的学生，要求组长负责对其进行帮助和督促。对于组内贡献得分低的学生，教师会单独了解情况，并予以指导和帮助，进行补偿式矫正，最终达到单元学习的异步通达。

2）观察和收集数据

在对形成性评估行动方案进行调整后，据“蓝墨云班课”的数据统计，学生提前看学习资料的比例上升至 93%。参照 Louis、Ellen 和 Carl（2011）

的教学设计，笔者请3名经过培训的观察员进入课堂观摩，对学生的课堂参与度进行测量。每一名观察员随机抽样观察1～20名学生，每5分钟为一个间隔，记录学生行为。参与行为包括与书本相关的动作、与他人讨论、思考、边听边做笔记、回答问题、有诸如点头或摇头的反馈等。不参与行为包括看手机、发信息、读不相关的书籍、睡觉、发呆等。经统计，课堂参与度结果为93±5%，同时回答问题的学生分散范围广。

在主题汇报展示中，初次使用形成性评估量表后，汇报的质量有很大提升，内容准备较充分，展现形式多样，还有小组使用自己制作的视频以及思维导图辅助讲解，既突出了学生的个性，又强化了小组合作。在回答问题环节，提问者和回答者较以往更为积极，小组成员参与合作的意识增强。在组间互评中，笔者发现学生与教师的评分出现趋同的现象，对展示质量不同的小组区分度也明显提高了。在组内互评中，学生非常重视自我评价时的陈述，为了使组内互评公平和透明，有的小组甚至设计了小组内部的互评量表作为细化互评分数参照。

为了更多地了解学生对教学方式的态度，笔者对177名学生进行了匿名问卷调查，收回有效问卷172份。对于问题项“我认为这种方式可以促使课堂外对外语学习更多时间和精力的投入”，有91%的学生表示同意（38%非常同意，53%同意），只有1%的学生选择“不同意”，其他学生选择“无所谓”。对于问题项“我认为这种学习可以促使我外语学习获得更多”，89%的学生表示同意，其他学生选择“无所谓”。对于问题项“与之前的教学方式相比，我赞同老师六、七、八单元的教学方法”，89%的学生表示赞同和支持，只有3%的学生表示不同意，其他学生选择“无所谓”。显然这种新的教学方式得到了大部分学生的认可。

3）分析和评价

对于形成性评估态度选项，85%的学生是因为小测和问答是成绩评估量表的一部分而倾向用心准备学习内容和努力思考回答问题，93%的学生非常赞同或赞同只要努力是可以在小测以及互评中得到理想的分数的。翻转教学中形成性评估量化体系可以促进学生课下多学、课上多思，有较强的可操作性，在保证翻转教学质量方面发挥着不可小觑的反拨作用。

翻转后的课堂关注点已不再是教师，而是学生。当学生意识到学习是他们自己的任务时，便开始彼此互助合作。问卷结果显示，66% 的学生赞同课桌按小组摆放后，回答问题和参与讨论的想法更为积极。可见，小组学习能够鼓励学生交流、合作和探索，同时便于维持课堂动态，有助于实现通达翻转学习。在小组学习过程中进行形成性评估，判断达成学习目标的责任落到了学生自己和同伴身上。在小组打分的自证环节，学生还需要提供证据，证明自己正在为达成目标而学习和努力。61% 的学生评价自己发挥最大的能力去为小组报告展示作准备，53% 的学生对自己在小组中的表现很满意。在组内和组间互评中，48% 的学生“认可让其他学生批阅和评价自己的表现”，48% 的学生选择“无所谓”；98% 的学生表示自己在批阅别人试卷和评价他人表现时“总是”会认真核对打分标准，2% 的学生选择“经常”。问卷调查行为数据表明，只要教师给予学生适当的评价条件、标准和指导，他们是可以适应和实施形成性自我评估和同伴互评的，同时可以更加自信地呈现有关自己进步的更为精准的信息。在整个过程中，学生既是评估的对象，又是评估的主人。

对于问题项“如果你在小测和报告中成绩不理想，你第一个怕影响谁”，只有 2% 的学生选择“老师的印象”，14% 的学生选择“自己的平时成绩”，84% 的学生选择“小组平均分”。笔者在小组合作中创设了“责任共担”和“共荣”的评价设计，虽然每次加 1 分或减 1 分对学生最后的加权得分影响微乎其微，但能树立起小组的团体意识，学生渴望在团体中得到组员承认的意愿非常强烈，如 75% 的学生非常在意或者在意其他成员对自己的评价。对于“在评价表现不理想时，你是否得到过同组成员的安慰、指导和帮助”，45% 的学生选择“经常”，35% 的学生选择“有时”，其他学生选择“其他”。由此可见，形成性评估的改进和完善既有助于小组内的相互监督，又方便组内相互促进，共同进步。

翻转课堂没有固定的模式，形成性评估也如此，给学生的反馈亦是如此，需要在所处的特定教学环境中灵动和柔性地处理。在翻转课堂和形成性评估融合中，教师的作用是帮助学生，关注学生获取知识的效果和能力的提升，把学习主动权交还给学习者，让其承担起学习的责任，充分调动其认知目的中的情感成分，如同伴压力、个性化评价等。通过制定形成性评估量表，借助课堂内外的参与度、任务完成情况、阶段性测试、小组合作过程记录、自我评估、同伴互评、教师评价等形成性评估的内容和形式，以一体化的评估促进翻转学习的质量，形成有特色的学习翻转。

本次定向型行动研究基于形成性评估与翻转课堂相融合的动态实践理论，在教学过程中观察、分析和寻求情境化的本土解释，经数据的三角验证，得出两者的融合有效提升了翻转课堂的教学质量，增强了学生的学习动机，学生对此反馈积极。

7.2.2 形成性评估融入在线选修课程的行动研究

近年来，MOOC 等新型在线开放课程和移动学习平台迅速兴起，教育部在全面推进在线开放课程建设的同时，提出要不断加强信息技术与教学的深度融合，深入推进以学生为中心的课程改革、教学方法与学习方式的变革，实现高等教学质量的“变轨超车”，同时也明确提出在线开放课程要服务高等教育改革，主张“建以致用”，鼓励依托在线开放课程大力开展混合式教学，实现高校教育在资源和配置上的均衡与共享。

此研究缘于“创新思维训练”网络通识选修课的具体教学实际问题，介绍此课程采取混合式教学的方式，分析混合式教学与形成性评估融合的理论基础和实施模式，在混合式教学实践中开展行动研究。本教学实践研究通过线上线下教学观察收集教学数据，反思并调整实施方案，最后分析和评估混合式教学效果。

经笔者所在高校几轮教学实践后，通过对课程的评价和学生的学习反馈，教务部门发现此课程的在线学习出现以下问题：1）一部分学生为完成慕课观看进度，利用软件进行刷课（按教务部门要求，学生需观看完整视频后方能参加期末考试）；2）缺少过程性评估且期末在线考核形式比较单一，主要题型为选择题和判断题，不利于激发和培养学生的学习原创能力和想象力，无法达到创新思维训练的授课目标；3）学生的选课动机不明，因为本课程学时短、学分少，不少学生选择此课只是为了凑学分；4）在线课程模式，实时性不强，缺少对于课程效果的反馈和教学内容的调节；5）缺乏学生之间的社会性情感沟通，学生之间的互动交流只在讨论区进行，且少有发生。

基于对在线课程学习效果的反思，教务部门决定将此类课程的教学方式进行重构，在充分利用在线学习资源的基础上鼓励教师根据网络课程的内容开展线下课程教学辅导与形成性评估，借助网络优质课程开展混合式教学，由线上与线下教师团队共同完成这门课程的教学。

混合式教学并没有统一的模式，在线上与线下融合的大框架下，混合式教学并不拘泥于一种形式，鼓励根据教学目标和情境的不同进行变通和创造，同时，要经常进行评估。形成性评估是一种以评价为导向的教学活动范式，需要教师设计、实施和调整各种教学任务和活动，系统收集学习者的学习过程信息，并采用恰当的评价工具对反馈信息进行分析和阐释，以调整和完善教学方法，更高效地促进教学目标的达成。行为评估、自我评估、同伴评估等都可以作为形成性评估的实践方法。混合式教学中的信息化技术平台为形成性评估提供了丰富的过程性评价数据，有助于实现对线上和线下教与学的即时信息反馈，两者融合相得益彰。

1. 混合式教学与形成性评估融合的实施模式

虽然形成性评估可以促进教与学的效果，但在教学实践过程中并不存在适用于一切教学的形成性评估模式，具体过程性评估应该根据课程教学条件而设计和实施。本研究中，混合式教学与形成性评估融合的具体模式为：1）确定教学课程目标，将软性思考、平行思考、强制联想、批判性思考、包容性思维等创新思考方式和途径等内容作为本门课所要达成的初级认知目标，由学习者线上自主学习完成；2）通过线上评估工具，教师对学习者线上自主学习进行过程性评估，引导学生对线上自主学习进行反馈和反思；3）创设线下创新情境，通过面对面的教学交流和参与式教学活动，巩固和提升对于创新思维的初级认知，最终达到课程创新思维能力提升的高级认知目标；4）对线下的任务式教学结果进行多元形成性评估，对于未达标的学习者进行补偿性调整和矫正。最终培养学生的创新思维意识，提高创新思维能力，实现课程教学目标（见图7-6）。

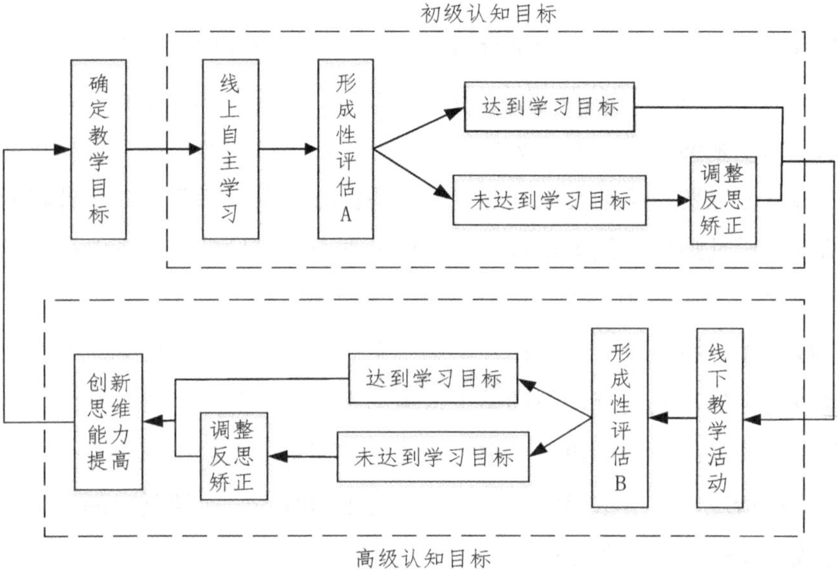

图7-6 “创新思维训练”课程混合式教学与形成性评估融合的实施图

2. 形成性评估融入混合式教学的行动研究

（1）第一轮行动研究实施方案

2018年秋季学期，笔者所在高校开始尝试将在线选修课程“创新思维训练”与线下辅导和形成性评估相融合，开展依托于“学习通”平台的混合式教学实践研究，其中形成性评估分值占课程期末总成绩的50%。

依据线下与线上课时的比例要求，此课程有6学时的线下辅导。如何在小课时中体现大智慧，对教学方式的改变本身就是一次创新思维的教学践行。新学期开始之前，选修此课程的学生加入“学习通”课程平台，从暑期开始学生就可以随时随地使用电脑或手机端观看此课程的慕课视频，进行自主学习。此外，学生还可以在平台上与线下辅导教师及选修此课的学生进行互动交流。教师首先通过平台向学生介绍这门课的特点和评估的形式，线上形成性评估的具体形式为：1）根据后台提供的学生在线行为数据，教师掌握学生的学习进度和相关测试成绩。2）教师在线上平台解答学生自主学习以及团队合作过程中出现的问题。3）教师在平台中发布创新思维开放性问题，如发现并分享身边或经历过的创新体验（可以是实物，也可以是事件）。如果是实物的话，拍摄照片上传，并且用文字说明拍摄地点和此创意带来的感受；如果是事件，则进行描述。教师和学生可以在提交的内容下方点赞和互动交流。通过学生的留言可以考查学生对于课程的掌握情况。通过师生的线上留言互动，也可进一步引导学生进行深度创新思考，同时也可促进同伴相互学习与启发。线上讨论占课程总成绩的10%。

线下面对面的教学讨论在开学第三至五周进行，以小组为单位，课堂互动以对话的形式进行，鼓励学生运用思维导图、头脑风暴、智慧墙等思维训练方式进行集体讨论，寻求灵感，补充创意。根据小组每个任务的参与和完成情况，在小组课堂表现量表中给予即时鼓励。课堂中的讨论和任务完成占课程总成绩的15%。

在以小组为单位的创意作品展示汇报中，开设“创意集市”，学生将身边印象深刻的创意作品或者原创雏形，以贴墙报、口头报告、演示表演等方式进行展示，并在每小组展示后开展组间对话、讨论、质疑和解答，此项占总成绩的25%。

1）初步观察和发现问题

第一轮混合式教学结束后，在问卷调查中笔者发现，虽然有92.4%的学生表示“非常认同”或“认同”所采用的混合式授课形式，但形成性评估融入混合式教学中也出现了一些问题。

第一，虽然教师说明线下讨论之前需要先完成线上视频的观看，但根据超星平台数据显示，仍然有 38.2% 的学生没有完成或只是部分完成，有 10.7% 的学生是在课程期末考试前两天突击完成视频的学习的。线上讨论中，有部分学生存在抄袭别人观点的情况。

第二，鉴于有限的线下课时，组间互评和讨论并没有充分开展。在最后的创意项目展示中，没有足够的时间供其他小组发表他们的观点。庞大的班容量（两个校区同时开课，每个校区 120 人）也使教师感到对线上部分形成性评估的精力受限。

第三，教师的作用是多重的，既是管理者和评估者，又是引导者和支持者。作为评估者，教师依然是课程形成性评估的主体，同伴互评和自我评价并没有与课程学习发生更多实质上的融合。组内互评也没有更好地启动，个别小组“搭顺风车”和“打酱油”的情况比较严重。37.8% 的学生认为创意作品及展示的最终确定和完成主要来自部分小组成员的努力，7.3% 的学生认为是来自小组某一位成员的努力，而教师只能看到最终的作品展示，缺乏对创意过程的指导和评价。

第四，缺乏形成性评估的长效机制。部分学生表示需要教师给予更多关于课程延伸部分的帮助。在最后的创意作品展示环节，学生希望自己的创意作品不仅可以作为课程考核的一部分，还希望在课程结束后继续完善作品，期望把创意作品转化为实用专利等。

2）进行反思

针对观察到的问题笔者进行了教学行动反思，发现线上视频学习和讨论的积极性主要与两个因素有关：一是选课动机，所有的学习过程都应基于最初设立的学习目标，这就需要教师帮助学生设定合理的学习目标，根据学习目标的成效及时调整教学指令，其间着重将自我决定和自我改善的反馈作为内在激励的一种形式，给予学习者决定的自由。二是与自主学习能力有关，要让学习者了解自己的学习情况，并随时检查自己的进步和不足，进而调整自己的学习进度和学习方法。在形成性评估文献的学习中笔者发现，将自我评估（Self-assessment）与自主学习相结合，鼓励学习者去思考自己的学习质量，为自己的学习负责，这是形成性评估的核心。

需要进一步完善混合式教学过程中的小组合作学习，培养学习者的探索和创新精神，通过多样的小组实践活动促进成员之间的集体学习、沟通技能、合作技能等多方面素质的发展。同伴互评将是合作学习的一个重要内容，为保证同伴文化（Peer Culture）的建立，首先需要控制班容量，以保证同伴分享时间和教师有足够的精力投入，两个校区的选课人数控制在不超过 50 人。开课前学生线上填选所罗门学习风格量表，根据同质组间、异质组内的原则，将不同性别和不同年级的学生进行跨学科、跨专业的分组，鼓励小组内的异质协作。在最后创意作品展示中，教师只能看到学生最后作品的呈现，而对于小组作品的创作过程与学习情况并不了解。事实上，进行深度思考而获得的程序性知识远比定分评价更为重要，对作品的过程性评估应该作为形成性评估的重要组成部分。对于最后小组项目的展示采取组间同伴互评的方式，教师与学生协商制定评价量表，每个学生既是展示者也是评判者。

学生需要的不仅是线上与线下的混合教学，还需要各种教学资源和社会资源的整合学习体验。笔者经与学校教务部门、技术转移中心协商，尝试建立课程延展的校园创新环境。

（2）第二轮改进后的行动研究实施方案

混合式教学不能一蹴而就，它是一个长期的、灵活的、开放的变化过程。在总结和反思第一轮创新训练课程的基础上，笔者决定完善混合式教学中形成性评估的实施，包括将自我评估和同伴评估作为形成性评估的两种重要方法，以提高课程教学质量。

1）方案调整

第一，课程开始之前，教师通过“学习通”平台发布课程内容、授课方式，明确课程的具体要求和评估指标，这样有利于学生按照课程目标进行学习，有的放矢。

第二，教师把学习者的视频观看进度定时发布在平台中，并将习题成绩进行线上排名，每一位学生都可以清晰地看到自己的学习进程，排名会随着学习的进展而即时变化，引导学生进行自主学习进度及效果的自我评估与自我反思。

第三，减少班容量后，每个小组由3～4人组成，课堂上以圆桌讨论形式开展教学，线上每个小组在学习平台上建立小组移动互动空间，成员之间不仅可以互动交流，还可以把此空间作为本小组项目进程的电子档案袋，创意项目中需要的照片、音频、视频、PPT等资源都可以存储和记录于此。鼓励小组撰写日志，形式可以是文本、语音、聊天截图等。小组需要共同反思的问题包括“我们想到了些什么？”“我们做了些什么？”“我们还要做些什么？”“接下来如何可以做得更好？”本课程所需要学习者具有的创新人格包括敢于冒险、不怕失败。教师对于小组集体创新项目的评价也从只关注最后展示转向通过深度思考而获得的程序性知识。根据平台上行动数据记录，教师可以对每位参与者进行过程性评价。

第四，通过与学生协商，对小组创意作品展示的评价确定为4个考核维度：①对创意来源解释的评价；②对作品内容的评价；③对作品展示方式的评价；④对是否践行创新思维方法的判断。每个学生皆有一张选票，为更精准地进行同伴互评，每个维度又分为2～3个等级，在评价的措辞上尽量采用学习者可以接受的语言，如“受教”“欣赏”“加油”代替传统评价的“优秀”“良好”“一般”“不及格”，尽量减少评价者与被评价者的心理负担（见表7-3）。

表7-3　项目表现评估量表

小组	创意来源		创意作品			创意展示			理论反思	
	身边	原创	受教	欣赏	加油	受教	欣赏	加油	有	无
1										
2										
3										
……										

第五，课程结束时恰逢第 19 个“世界知识产权日”（4 月 26 日），由秦皇岛市场监督管理局、秦皇岛市知识产权局、燕山大学共同主办的“世界知识产权日”活动在校园内举行。作为课程的延伸，学生参加了知识产权专题讲座、知识产权主题展览等一系列活动，对于创意作品的保护有了进一步的认识。

2）观察、分析和评价

在对形成性评估的行动方案作调整后的第二轮教学中，笔者发现，在线下讨论课程进行之前，94.5% 的学生观看视频的进度已经达到 100%，其中，33.2% 的学生对部分线上章节有重复观看的记录。学生对创新思维原理和方法部分掌握得更好，线上的师生互动，特别是生生互动较之前更为活跃，显然学习者的自我评估发挥了促进作用。值得注意的是，尽管自主学习线上的排名与期末成绩无关，但 87.2% 的学习者表示非常重视或者重视自己在学习平台上的排名。笔者请两位经过培训的观察员对学生的线上讨论内容进行观察。因为班容量减小，笔者也有更多的精力分析和评价学生的线上留言，并对学生的个性化需求给予反馈。经线上观察和数据信息分析，发现学生线上讨论参与度为 97%，参与留言的时间跨度从寒假一直到新学期课程结束，其中讨论小组成立以及课程结束之前为参与学习活动最频繁的两个时间段。与第一轮教学相比，学生的线上参与时间总体较为分散。回帖中的原创成分比上一轮教学有所提升，很多独特的想法和见解由学生提出，部分学生对创新的理解和感悟可圈可点，笔者也将有借鉴意义的回帖在平台的聊天互动区分享，营造线上创新互动的氛围，点燃学生的创新热情。

小组线上电子档案的内容不仅包括文字、音频、视频、图片和网络链接，还包括组内成员的聊天截图和图片等小组活动的过程性信息。每个小组线上电子档案的记录方式也呈现多样性，有的以时间轴记录，有的以小组分工记录，有的以需要展示的内容分类记录等。当小组学习进展不顺利时，笔者会给予适当的帮助和指导，也会请教相关学科的专业教师共同指导评价，给予建议，为学习者提供必要的“脚手架”，鼓励学生大胆去尝试解决问题。在“小组移动互动空间”中可以非常清晰地看到创新作品从最初的模糊构想到一步步成熟的过程，小组成员之间的跨学科、跨专业合作非常明显。线上电子档案的建立使得同伴之间更有归属感和共同努力的成就感，学生的高阶思维能力和团队合作意识得到了培养。在最终的创新展示中，形式多种多样，包括单人主题报告式、小品情景展现式、多人互动解说式、乐器伴奏参与式、观众与展示者互动式等，可以说从内容到形式都是对创新思维实践的个性化诠释。每个小组展示过后，其他学生要根据量表进行评价，提出自己的看法。由于大家参与热情很高，不得不又增加了一节课来完成课堂的互动讨论。

为了更好地了解学生对教学方式的感受，笔者对 98 名学生进行了匿名问卷，回收 97 份。对于问题项“此课程我的收获如何”，84.5% 的学生选择“收获颇丰”，15.5 % 的学生选择“有收获”，无人选择“不清楚”和“无收获”。对于问题项“平时成绩（包括线上讨论 10%、电子档案过程性评价即小组移动互动空间 20%、创造作品小组展示 20%）占期末成绩的比例如何”，85.6% 的学生认为“比重合理”，4.1% 的学生选择“比重太大”，8.2% 的学生选择“比重太小”，2.1% 的学生选择“无所谓”。对于问题项“我积极参与所在小组创意作品的准备活动”，87.6% 的学生选择“非常同意”，10.3% 的学生选择“同意”，2.1% 的学生选择“不确定”，无人选择“不同意”或“非常不同意”。对于 问题项“在小组合作中我能感受到小组成员来自不同学科的思维互动和交流”，92.8% 的学生表示“非常同意”或“同意”，7.2% 的学生选择“不确定”，无人选“不同意”或“非常不同意”。对于问题项“在创新展示过程中，你是否在意其他同学对你和你所在小组的评价”，100% 的学生选择“非常在意”或“在意”。对于问题项“在创新的展示过程中你是否认真参照评价量表对展示小组进行评价”，100% 的学生选择“非常认真”和“认真”。以上问卷数据表明，只要教师给予学习者适当的评价标准和指导，他们是可以实施并进行自我和同伴评价的，也可以更自信地呈现有关自己和小组进步的更为精准的信息。在整个学习过程中，学习者既是评估的对象，又是评估的主人。

当最后被问道："在整个课程和小组合作中最大的收获是什么？"学生们的回答可以归纳为两个方面：一是对于创新思维的认知，二是从团队协作以及与小组同伴交流和互动中收获的感悟与情感。

形成性评估是一种评估思想，不是指某一种具体的评估，需要根据特定的教学环境灵动而柔性地处理。混合式教学融合形成性评估是一种师生和生生之间的即时反馈，也是互为给养的一种整合的教学体验模式。教师的作用是引导和帮助学生进行自主学习，通过调动学习者认知目的中的情感成分，如个性化的自我评估、同伴互评等，关注学生获取的创新思维知识效果和创新能力的提升。

本次定向型行动研究基于混合式教学与形成性评估相融合的动态实践理论，在线上和线下的教学过程中观察、反馈、分析并进行本土化的解释。研究结果表明，二者的融合有助于达成课程的教学目标，提升混合式教学的质量，增强学习者的学习动机和课程活动的参与度，学生对此反馈积极。

7.3 小结

本章介绍了教学行动研究的概述和特点以及基本过程与步骤。根据不同的教学问题和情境，行动研究的过程又可以分为开放型和定向型研究。与传统教育研究定量和定性研究相比，行动研究关注研究过程中对于教学的改进。鉴于此，一线教师在研究—实践—研究的基础上开展教学研究工作更易于将教学与科研相融合。

混合式教学并不拘泥于统一的模式，鼓励根据教学目标和情境进行变通和创造，同时，要经常进行评估。形成性评估作为一种以评价为导向的教学活动范式需要教师设计、实施和调整各种教学任务和活动。混合式教学中的信息化技术平台为形成性评估提供丰富的过程性评价数据，有助于实现对线上和线下教与学的即时信息反馈。本章中的教学案例正是混合式教学与形成性评估相融合的行动研究。

在以往开展的行动研究中，笔者深感教师自身发展的基础是不断地对自己的教学过程与教学理论进行反思，在不断循环发展的过程中完善和改进。特别是基于线上教学过程性数据的学习分析，虽然只是起步，但却是对研究者自主发展和自我完善能力的又一次锻炼。

参 考 文 献

[1] Andrade H, Cized G. Handbook of Formative Assessment [M]. New York: Routledge, 2010: 90-102.

[2] Andrade H. Student Self-assessment: at the Intersection of Metacognition and Authentic Assessment [D]. Cambrige: Harvard University, 1999.

[3] Akyol Z, Garrison D R, Ozden M Y. Development of a community of inquiry in online and blended learning contexts [J]. Procedia-Social and Behavioral Science, Learning Network, 2009,1(1):1834-1838.

[4] Atkin M, Black P, Coffrey J. Classroom Assessment and the National Science Education Standards [M]. Washington: National Academy Press, 2001.

[5] Azevedo R, Cromley J G, Moos D C, et al. Adaptive content and process scaffolding: A key to facilitating students' self-regulated learning with hypermedia [J]. Psychological Test and Assessment Modeling, 2011, 53(1):106-140.

[6] Barnard L, Lan W, To Y, et al. Measuring self-regulation in online and blended learning environments [J]. The Internet and Higher Education, 2009, (12): 1-6.

[7] Bi Penghui. A Study of Integrating Formative Self-Assessment into Mobile L2 Reading Based on the Rotated Component Matrix Analysis through SPSS 26.0 [C]// 2021 International Conference of Education, Information

Management and Service Science, 2021:546-550.
[8] Black P, Wiliam D. Assessment and classroom learning [J]. Assessment in Education, 1998, 5(1):7-75
[9] Bloom B. Learning for mastery [J]. Evaluation Comment, 1968, 1(2): 1-5.
[10] Caffarella S, Clark C. Development and learning: themes and conclusions [J]. New Direction for Adult & Continuing Education, 1999(84):97-101.
[11] Castillo-Merino D, Serradell-López E. An analysis of the determinants of students' performance in e-learning [J]. Computers in Human Behavior, 2014(30):476-484.
[12] Cavus N, Ibrahim D. M-Learning: an experiment in using SMS to support learning new English language words[J]. British Journal of Educational Technology, 2009,5(1):78-91.
[13] Cleveland-Innes M, Campbell P. Emotional Presence, Learning, and the Online Learning Environment [J]. International Review of Research in Open & Distance Learning, 2012(4):269-292.
[14] Collier J. United States Indian Administration as a laboratory of ethnic relations [J].Social Research, 1945, 12(3):265-303.
[15] Corey S. Action Research to Improve School Practices [M]. New York: Bureau of Publications, Teachers College, Columbia University, 1953.
[16] Cowie B, Bell B. A model of formative assessment in science education. Assessment in Education: principles [J]. Policy and Practice, 1999, 6(1):101-116.
[17] Csikszentmihalyi M. Flow: the psychology of optimal experience [M]. New York: Harper & Row, 1990.
[18] Csikszentmihalyi M. Flow and education [J]. NAMTA Journal, 1997, 22(2):8.
[19] Cuba E, Lincoln Y. Four Generation Eualuation[M]. Newbury Park, CA:

Sage Publications, 1989.

[20] Dewey J. The Quest for Certainty: a Study of the Relation of Knowledge and Action[M]. New York: Minton, Balch & Company, 1929.

[21] Ebbutt D. Educational action research: Some general concerns and specific quibbles [M]//Burgess R. Issues in Educational Research. Lewes: Falmer Press, 1985.

[22] Egbert J. A study of flow theory in the foreign language classroom [J]. The Modern Language Journal, 2003(87):550-552.

[23] Elliott D. Developing hypothesis about classroom from teachers' practical constructs: An account of the Ford Teaching Project [J]. Interchange, 1976, 7(2):222-223.

[24] Burgh-Hirabe R. Extensive reading and L2 reading motivation in Japanese as a foreign language: a case study of New Zealand high school students [D]. New Zealand: University of Otago, 2011.

[25] Feng X. Scaffolding facilitates inter-school collaborative learning: a case study in China [J]. Journal of Educational Technology Development and Exchange, 2012, 5(1):45-62.

[26] Field J. Promoting perception: lexical segmentation in listening [J]. ELT Journal, 2003, 57(4):325-334.

[27] Garrison D R, Anderson T, Archer W. The first decade of the community of inquiry framework: a retrospective [J]. The Internet and Higher Education, 2010(13):5-9.

[28] Garrison D R, Anderson T, Archer W. Critical Inquiry in a Text-Based Environment: computer Conferencing in Higher Education [J]. The Internet and Higher Education, 2000, 2(2): 87-105.

[29] Garrison D R, Arbaugh J B. Researching the community of inquiry framework: review, issues, and future directions [J]. The Internet and Higher

Education, 2007, 10(3):157-172.

[30] Garrison D R, Anderson T, Archer W. Critical Thinking, Cognitive Presence, and Computer Conferencing in Distance Education [J]. American Journal of Distance Education, 2001(1):7-23.

[31] Gipps C. Beyond testing: towards a theory of educational assessment [M]. London: Falmer Press, 1994.

[32] Glynn M, Koballa R. Handbook of College Science Teaching [M]. Arlington, VA: National Science Teachers Association Press, 2006.

[33] Graham C R. Blended learning systems: Definition, current trends, and future directions[C]//C J Bonk, C R Graham. The handbook of blended learning: Global perspectives, local designs. San Francisco, CA: Pfeiffer, 2006.

[34] Gromik N. Cell phone video recording feature as a language learning tool: a case study [J]. Computers & Education, 2012,58(1):223-230.

[35] Gruba P, Hinkelman D. Blending Technologies in Second Language Classrooms[M]. London: Palgrave Macmillan, 2012.

[36] Hanrahan J, Isaacs G. Assessing self- and peer-assessment: the students' views [J]. Higher Educational Research and Development, 2001,20(1):53-70.

[37] Hopkins D A. Teacher's Guide to Classroom Research [M]. Philadelphia: Open University Press, 1985.

[38] Huhta A. Diagnostic and Formative Assessment [C]//The Handbook of Educational Linguistics. Malden, MA：Blackwell Publishing Ltd, 2008.

[39] Hustler D, Cassidy T, Cuff J. Action research in classrooms and schools [M]. London: Allen & Unwin, 1986:3.

[40] Hwang G-J, Chang H-F. A formative assessment-based mobile learning approach to improving the learning attitudes and achievements of students [J].

Computers & Education, 2011,56(4):1023-1031.

[41] Judge P. Driven to read: Enthusiastic readers in a Japanese high school's extensive reading program [J]. Reading in a Foreign Language, 2011(23): 161-186.

[42] Kagan S. Cooperative learning: resources for teachers [M]. SanJuan Capistrano, CA: Resources for Teachers, 1989: 156-168.

[43] Kemmis S, McTaggart R. The Action Research Planner [M]. Geelong, Victoria: Deakin University Press, 1982.

[44] Kirchhoff C. L2 extensive reading and flow: clarifying the relationship [J]. Reading in a Foreign Language, 2013, 25(2):192-212.

[45] Krashen S D. The Input Hypothesis: Issues and Implications[M]. New York: Longman, 1985.

[46] Krashen S. Free voluntary reading [M]. Santa Barbara, CA: Libraries Unlimited, 2011.

[47] Kukulska-Hulme A, Traxler J. Mobile Learning: a handbook for educators and trainers [M]. London and New York: Routledge, 2005.

[48] Lewin K. Action research and minority problems [C]// Lewin G W. Resolving Social Conflicts. New York: Harper & Row, 1946:201-216.

[49] Louis D, Ellen S, Carl W. Improved learning in a large-enrollment physical class [J].Science, 2011(5):86.

[50] Lu M. Effectiveness of vocabulary learning via mobile phone [J]. Journal of Computer Assisted Learning, 2008,24(6):515-525.

[51] McMillan H, Hearn J. Student self-assessment: the key to stronger student motivation and higher achievement [J]. Educational Horizons, 2008(1):40-49.

[52] McMillan H. Classroom Assessment: Principles and Practice for Effective Standards-based Education [M]. Boston: Allyn & Bacon, 2007.

[53] McNiff J, Whitehead J. You and your action research project[M]. London and New York: Routledge, 2010:5.

[54] McNiff J. Action Research: principles and Practice [M]. London: Mcmillan Education, 1988.

[55] McQuillan J, Conde G. The conditions of flow in reading: two studies of optimal experience [J]. Reading Psychology: An International Quarterly, 1996,17(2):109-135.

[56] Means B, Toyama Y, Murphy R F, et al. The Effectiveness of Online and Blended Learning: a Meta-Analysis of the Empirical Literature [J]. Teachers College Record, 2013, 115(3):134-162.

[57] Moneta G B, Csikszentmihalyi M. The effect of perceived challenges and skills on the quality of subjective experience [J]. Journal of Personality, 1996(64):277.

[58] Niguidula D. Picturing performance with digital portfolios [J]. Educational Leadership, 1997,55(3):26-29.

[59] Niguidula D. The digital portfolio: a richer picture of student performance [R]. Studies on Exhibitions, 1993:1-13.

[60] Nunan D. Understanding Language Classrooms: a Guide for Teacher-Initiated Action [M]. Lebanon: Prentice Hall, 1990.

[61] Nikou A, Economides A. The impact of paper-based, computer-based and mobile-based self-assessment on students' science motivation and achievement[J]. Computer in Human Behavior, 2015(55):1241-1248.

[62] O'Malley J, Chamot A U. Learning Strategies in Second Language Acquisition [M]. Cambridge: Cambridge University Press, 1990:119-120.

[63] Popham W J. Transformative assessment[M]. Alexandria, VA: Association for Supervision and Curriculum Development, 2008.

[64] Saeed Taki. Learning Vocabulary via Mobile Phone: Persian EFL Learners

in Focus [J]. Journal of Language Teaching and Research, 2011, 2(6):1252-1258.

[65] Salmon G. E-moderating: the key to teaching and learning online[M]. London and New York: Routledge Falmer, 2004.

[66] Schön D A. The Reflective Practitioner: how Professionals Think in Action[M]. New York: Basic Books, 1983.

[67] Scriven M. The Methodology of Education[M]. Washington, D C: American Educational Research Association, 1967.

[68] Seligman M E P, Csikszentmihalyi M. Positive psychology: an introduction [J]. American Psychologist, 2000, 55(1): 5-14.

[69] Siemens G. learning analytics: envisioning a research discipline and a domain of practice [C]//International Conference on Learning Analytics and Knowledge, Vancouoer, 2012: 4-8.

[70] Stenhouse L. An Introduction to Curriculum Research and Development[M]. London: Heinemann, 1975.

[71] Swan K, Ice P. The community of inquiry framework ten years later: Introduction to the special issue[J]. The Internet & Higher Education, 2010(13):1-4.

[72] The First International Conference on Learning Analytics and Knowledge, Banff, Alberta[EB/OL].(2011-02-27) [2020-08-15]. https://tekri.athabascau.ca/analytics/.

[73] Theo H. Microlearning: A New Pedagogical Challenge[C]//Manager, RSA Studio eLearning Environments Innsbruck. MICROLEARNING, 2005: 7-14.

[74] Thornton P, Houser C. Using mobile phones in English education in Japan [J]. Journal of Computer Assisted Learning, 2005(21):217-228.

[75] Triantafillou E, Georgiadou E, Economides A. The design and evaluation of

a computerized adaptive test on mobile devices [J]. Computer & Education, 2008(50):1319-1330.

[76] Vaughan N, Cleveland-Innes M, Garrison R. Teaching in blended learning environments: Creating and sustaining communities of inquiry [M]. Alberta, Canada: AU Press, 2013.

[77] Vaughan N, Garrison D R. How blended learning can support a faculty development community of inquiry [J]. Journal of Asynchronous Learning Networks, 2006, 10(4), 139-152.

[78] Watson J. Blended Learning: the Convergence of Online and Face-to Face Education. Promising Practices in Online Learning [M]. Vienna: North American Council for Online Learning, 2008.

[79] Wong L H, Looi C K. Vocabulary learning by mobile-assisted authentic content creation and social meaning-making: two case studies [J]. Journal of Computer Assisted Learning, 2010(26):421-433.

[80] Zimmerman B. Attaining self-regulation: a social cognitive perspective [C]//. In M. Boekaerts, P. Pintrich, & M. Zeidner(Eds.), Handbook of self-regulation. New York: Academic, 2000:13-41.

[81] Joanne M Arhar, Mary Louise Holly, Wendy C Kasten. 教师行动研究：教师发现之旅 [M]. 黄宇，陈晓霞，阎宝华，译 . 北京：中国轻工业出版社，2002.

[82] 安德烈・焦尔当 . 学习的本质 [M]. 杭零，译 . 上海：华东师范大学出版社，2015.

[83] 毕鹏晖 . 用微移动学习方式建构大学英语词汇教学合作互动新模式 [J]. 教学研究，2014，37（3）：26-30.

[84] 毕鹏晖 . 大学英语微移动词汇学习融入形成性评估模式的研究 [J]. 外语电化教学，2017（1）：35-42，48.

[85] 毕鹏晖 . 形成性自我评估融入移动听力学习的模式研究 [J]. 现代教育技

术，2017，27（12）：82-87.

[86] 毕鹏晖 . 形成性评估融入大学英语翻转课堂的行动研究 [J]. 英语教师，2017，17（23）：19-25.

[87] 毕鹏晖 . 即时形成性评估融入微移动外语学习的模式研究 [J]. 赤峰学院学报，2017，38（5）：162-165.

[88] 毕鹏晖 . 混合式教学融入形成性评估的研究——以“创新思维训练”在线选修课程为例 [J]. 教学研究，2020，43（4）：32-37.

[89] 毕鹏晖 . 基于学习分析的形成性评估融入在线混合式教学的行动研究 [J]. 中国多媒体与网络教学学报，2021（3）：17-19.

[90] 毕鹏晖 .“一体两翼”式课程思政在线教学研究——以“英美文化概况”课程教学为例 [J]. 当代教育理论与实践，2021，13（1）：12-16

[91] 毕鹏晖 . 积极心理学视角下移动英语阅读心流体验的研究 [J]. 英语教师，2022，22（4）：28-34.

[92] 乔纳森伯格曼，亚伦・萨姆 . 翻转课堂与慕课教学：一场正在到来的教育变革 [M]. 宋伟，译 . 北京：中国青年出版社，2014：81.

[93] 陈坚林 . 计算机网络与外语课程的整合 [M]. 上海：上海外语教育出版社，2010.

[94] 陈坚林 . 大数据时代的慕课与外语教学研究——挑战与机遇 [J]. 外语电话教学，2015（1）：3-8，16.

[95] 教育部高等学校大学外语教学指导委员会 . 大学英语教学指南 [M]. 北京：高等教育出版社，2020.

[96] 戴维・索恩伯格 . 学习场景的革命 [M]. 徐烨华，译 . 杭州：浙江教育出版社，2020.

[97] 冯晓英，孙雨薇，曹洁婷 .“互联网 +”时代的混合式学习：学习理论与教法学基础 [J]. 中国远程教育，2019（2）：7-16，92.

[98] 冯晓英，王瑞雪，吴怡君 . 国内外混合式教学研究现状述评——基于混合式教学的分析框架 [J]. 远程教育杂志，2018，36（3）：13-24.

[99] 南茜·弗雷，道格拉斯·费舍，桑迪·艾佛劳芙 . 教师如何提高学生小组合作学习效率 [M]. 刘琳红，译 . 北京：中国青年出版社，2016.

[100] 郭晋燕 . 形成性评价融入网络环境下大学英语教学的研究 [J]. 外语教育，2013（10）：72-83.

[101] 埃贡·G 古贝，伊冯娜 S 林肯 . 第四代评估 [M]. 秦霖，蒋燕玲，译 . 北京：中国人民大学出版社，2008.

[102] 顾小清 . 终身学习视野下的微型移动学习资源建设 [M]. 上海：华东师范大学出版社，2011.

[103] 何克抗 . 从 Blending Learning 看教育技术理论的新发展 [J]. 中小学信息技术教育，2004，（4）：21-31.

[104] 何莲珍 . 新时代大学英语教学的新要求 [J]. 外语界，2020（4）：13-18.

[105] 胡杰辉 . 混合式外语教学的理论内涵与研究范式 [J]. 外语界，2021（4）：2-10.

[106] 黄华 . 立体教学模式中的大学英语形成性评估问题研究 [J]. 中国外语，2010（5）：15-21.

[107] 江桂英，李成陈 . 积极心理学视角下的二语习得研究述评与展望 [J]. 外语界，2017（5）：33.

[108] 焦建利 . 创客课程中评价学生的 7 种方法 [J]. 中国信息技术教育，2019（1）：15.

[109] 李清华 . 形成性评估理论框架的构建 [J]. 教育测量与评价，2014（4）：4-9.

[110] 李清华，王伟强，张放 . 形成性评估研究 [M]. 北京：科学出版社，2014.

[111] 莉兹·阿尼 . 混合式教学：技术工具辅助教学实操手册 [M]. 孙明玉，刘夏青，刘白玉，译 . 北京：中国青年出版社，2017.

[112] 林蕙青 . 以信息技术推动高等教育高质量内涵式发展 [EB/OL].（2018-01-29）[2019-09-30]. http：//www.moe.gov.cn/s78/A08/moe_745/201801/

t20180129_325869.html.
[113] 罗少茜，黄剑，马晓蕾 . 促进学习：二语教学中的形成性评价 [M]. 北京：外语教学与研究出版社，2015.
[114] 刘儒德 . 教育中的心理效应 [M]. 上海：华东师范大学出版社，2019.
[115] 玛丽 · 凯 · 里琪 . 可见的学习与思维教学 [M]. 林文静，译 . 北京：中国青年出版社，2017.
[116] 麦格尼格尔 . 自控力 [M]. 王岑卉，译 . 北京：文化发展出版社，2016.
[117] 迈克尔 · 霍恩，希瑟 · 斯泰克 . 混合式学习——用颠覆式创新推动教育革命 [M]. 聂风华，徐铁英，译 . 北京：机械工业出版社，2015.
[118] 任庆梅 . 英语听力教学 [M]. 北京：外语教学与研究出版社，2011.
[119] 丹尼尔 · D 史蒂文斯，安东尼娅 · J 利维 . 评价量表：快捷有效的教学评价工具 [M]. 陈定刚，译 . 广州：华南理工大学出版社，2014.
[120] 麦奎根，等 . 移动学习：引爆互联网学习的革命 [M]. 王权，肖静，王正林，译 . 北京：电子工业出版社，2016.
[121] 斯塔尔 · 萨克斯坦 . 如何引导学生自我评估 [M]. 彭相珍，译 . 北京：中国青年出版社，2018.
[122] 威利斯 . 点燃学生的学习热情——给予脑科学的教学策略 [M]. 吕红日，汤雪平，译 . 北京：中国轻工业出版社，2016.
[123] 王辞晓，董倩，吴峰 . 移动学习对学习成效影响的元分析 [J]. 远程教育杂志，2018，36（2）：67-74.
[124] 王华 . 外语教学中形成性评估体系的建立 [J]. 当代外语研究，2010（6）：48-53.
[125] 王蔷，胡亚琳 . 通过开展行动研究做研究型外语教师 [J]. 中小学外语教学，2014，37（1）：1-6.
[126] 王蔷，张虹 . 英语教师行动研究 [M]. 北京：外语教学与研究出版社，2013.
[127] 王守仁 . 转变观念深化改革促进大学外语教学新发展 [J]. 中国大学教

学，2017（2）：59-64.
[128] 习近平 . 习近平总书记在全国高校思想政治工作会议上的重要讲话 [M]. 北京：人民日报出版社，2016.
[129] 杨华，文秋芳 . 课堂即时形成性评估研究述评：思考与建议 [J]. 外语教学理论与实践，2013（3）：33-38.
[130] 杨丽芳 . 移动学习在大学英语词汇学习中的应用 [J]. 外语电化教学，2012（4）：54-58.
[131] 杨丽芳 . 移动学习在大学英语词汇学习中的应用 [J]. 外语电化教学，2012（7）：54-58.
[132] 余胜泉 . 移动学习的典型范例 [J]. 中国教育网络，2013（6）：17-21.
[133] 祝智庭，张浩，顾小清 . 微型学习——非正式学习的实用模式 [J]. 中国电化教育，2008（2）：10-13.